타인의 마음을 이해하려는
당신의 마음을 ~~응원합니다~~.

인지 심리학자

dream

2022. 10

타인의 마음

김경일 × 사피엔스 스튜디오 지음

타인의 마음

인간관계가 힘든
당신을 위한
유쾌한 심리학 공부

샘터

어려울수록 본질에 접근하며,
새로운 콘텐츠를 발굴하는 〈사피엔스 스튜디오〉

2020년 유난히도 뜨거웠던 여름, 당시 정민식 CP님과 저는 tvN 〈요즘 책방 : 책 읽어드립니다〉의 시즌을 마무리하고 새로운 도전에 직면해 있었습니다. 변화하는 미디어 환경에 발맞추어 TV 플랫폼을 벗어나 '디지털 콘텐츠'를 만들어야 하는 미션이었습니다.

방송국이 만드는 '디지털 숏폼 콘텐츠', 그것도 '인문학, 지식형 아이템'으로 유튜브를 소비하는 젊은 세대가 열광할 만한 콘텐츠를 어떻게 제작할 수 있을까? 어울릴 것 같지 않았던 이 어려운 문제를 고민하던 저희에게 김경일 교수님께서 제안한 아이디어는 짧지만 정말 강력한 깨우침을 주었습니다.

"논문을 한번 읽어 보면 어떨까? 이럴 때일수록 오히려 본질에 접근해 보는 거야!"

그동안 TV 플랫폼에서 콘텐츠를 제작해 오며 시청률과 대중성을 가장 우선시할 수밖에 없었던 현실, 그러다 보니 흥미 위주의 소재에 집착하고, 내용의 중심이 되는 전문가 출연자보다 연예인 출연자의 비중이 높을 수밖에 없었던 상황 등 교양 PD로서 늘 아쉬움을 느꼈습니다. 그때 교수님의 한마디가 디지털 플랫폼에서 더 자유롭게, 저희 제작진이 좋아하는 인문·지식 콘텐츠를 실험하고 제작해 볼 수 있겠다는 해방감과 용기를 주었습니다.

그 자신감의 배경에는 〈요즘 책방 : 책 읽어드립니다〉라는 이미 대중에게 검증된 '○○ 읽어드립니다' 브랜드와 지식 콘텐츠를 누구보다 간결하고 재미있게 표현할 줄 아는, 제가 아는 한 최고라고 자부하는 훌륭한 PD들과 작가진 그리고 tvN의 〈스타 특강쇼〉 〈김미경쇼〉 〈어쩌다 어른〉 등 오랜 시간 수많은 전문 강연자를 발굴해 온 〈사피엔스 스튜디오〉의 선장 정민식 CP님의 존재가 있었습니다.

그렇게 탄생한 콘텐츠가 〈사피엔스 스튜디오〉의 첫 번째 디지털 IP '논문 읽어드립니다'입니다. 어렵게만 느껴졌던 학술 용어와 전문지식이 김경일 교수님의 명쾌한 해석과 감각적인 편집으로 구독자들에게 내 삶 속에 적용될 지혜로 자리매김하며 성공적인 채널 론칭을 할 수 있었습니다.

이후 〈사피엔스 스튜디오〉는 2년여의 시간을 거치는 동안 심리, 역사, 미술, 경제, 물리 등 20여 개의 '○○ 읽어드립니다' 디지털 IP 시리즈와 165만 명의 구독자를 보유한 명실상부 대한민국 최고의 인문·지식 플랫폼으로 자리매김하고 있습니다. (2022년 10월 기준)

인문학과 지식 콘텐츠를 좋아하는 수많은 구독자의 과분한 사랑에 보답하기 위해 〈사피엔스 스튜디오〉는 이제 단순히 유튜브 채널의 플랫폼에서만 머무르지 않을 것입니다. 유튜브 채널 〈사피엔스 스튜디오〉가 아이템과 출연자를 발굴하고 실험하는 일종의 R&D 센터라면 발굴된 아이템을 바탕으로 TV, OTT, SNS 등에 최적화된 콘텐츠, 캐릭터 '사피'를 활용한 주니어 교육 콘텐츠, 출판 등의 영역으로 확장하며 채널의 이름처럼 콘텐츠와 IP를 개발하는 하나의 콘텐츠 스튜디오로서 다양한 플랫폼을 통해 여러 영역에서 여러분을 찾아갈 계획입니다.

그 계획의 첫 번째 단계는 〈사피엔스 스튜디오〉의 독립 IP 시리즈를 단행본으로 출간하는 것이었습니다. 이 역사적인 첫 걸음 역시 김경일 교수님과 함께할 수 있어서 저희 제작진은 정말 무한한 영광이었습니다.

《타인의 마음》은 이미 출간된《심리 읽어드립니다》《이그노벨상 읽어드립니다》에 이은 세 번째 단행본으로, '틈만 나면 남 욕을 하는 사람' '말도 섞기 힘들 정도로 우기는 사람' '나에게 집착하는 사람' 등 인간관계 속에서 좀처럼 이해하기 힘들었던 타인의 심리가 궁금한 분들에게 도움이 될 것입니다. 김경일 교수님의 심리학적 통찰력으로 나와 내 주변에서 풀리지 않았던 관계와 소통의 해법과 지혜를 찾는 여정을《타인의 마음》과 함께 마음껏 즐기시기 바랍니다.

〈사피엔스 스튜디오〉의 아버지, 사. 버. 지. 조금은 장난스럽게 들릴지 모르지만 제작진이 김경일 교수님께 존경의 마음을 가득 담아 부르는 애칭입니다. 그만큼 교수님은 단순한 출연자와 제작진의 관계가 아닌 특별한 존재라고 할 수 있지요. 〈사피엔스 스튜디오〉의 탄생에서부터 성장의 과정을 함께하며 고

비와 좌절의 순간마다 따뜻한 조언과 애정 어린 응원을 아끼지 않았던 교수님은 저희 제작진에게는 정말 든든한 버팀목이자 동반자입니다. 늘 존경하고 감사합니다.

아울러 〈사피엔스 스튜디오〉 콘텐츠의 숨은 설계자 이은별 작가님과 김명희 PD님, 그리고 홍지해 작가, 김수진 작가, 김나영 작가, 김도연 작가, 김지영 작가, 수많은 밤을 편집실에서 지새며 묵묵히 자신의 맡은 바 업무를 수행하고 있는 든든한 버팀목 임은휘 PD, 이서영 PD, 김태희 PD, 조혜진 PD, 김영실 PD, 서혜인 PD, 조미지 PD, 변상윤 PD, 허승회 PD, 윤우중 PD, 김유진 PD, 황재인 PD, 김현선 PD에게 존경을 담아 감사의 마음을 전합니다.

CJ ENM 〈사피엔스 스튜디오〉 김민수 PD

타인의 마음을 들여다보는 것은
너와 나, 모두의 생존력을 높이는 일이다

　　살다 보면 '저 사람 왜 저럴까?'라는 생각이 들 정도로 도저히 이해할 수 없는 말과 행동을 하는 사람부터 그와는 정반대로 특별한 이유가 없는데도 나에게 용기와 살 만한 힘을 주는 사람까지, 우리는 다양한 사람을 만납니다. 하지만 '왜 저럴까?' 생각이 들 때는 아무래도 전자에 해당하는 사람들을 만날 때겠지요. 이런 사람들과의 관계 속에서 우리는 쏠쏠함이나 당혹감을 느끼고, 망치나 칼로 공격당한 것 같은 아픔에 몸부

림치는 등 고통으로 괴로워합니다. '나에게 어떤 문제가 있는 게 아닐까' 자책해 보기도 하고, 그 사람을 원망하거나 복수를 다짐해 보기도 하지요. 그런데 이런 문제는 근본적으로 해결되는 경우가 거의 없습니다. 왜 그럴까요? '이유'를 모르기 때문입니다. 그리고 그 이유를 알지 못하는 이유는 작동의 원리를 배우지 못했기 때문이고요.

이런 가정을 해 봅시다. 자동차가 자주 고장 나서 속을 썩이면 우리는 어떻게 해야 할까요? 가장 쉬운 방법은 그 차를 팔아 치우는 겁니다. 하지만 그렇게 할 수 없고, 계속해서 그 차를 타고 다녀야 한다면요? 결론은 하나밖에 없습니다. 매뉴얼을 꼼꼼히 그리고 자주 꺼내 읽고, 주위에 차를 잘 고치는 믿을 만한 정비 업소를 알아 두는 것입니다. 여기서 잔고장이 있어도 다른 차로 바꿀 수 없고, 살아가는 한 계속 타야만 하는 자동차가 바로 나의 '마음'과 '생각'입니다.

그런데 우리는 그 마음과 생각에 관한 매뉴얼을 학교에서든 사회에서든 가져 본 적이 없습니다. 그저 심리학을 초·중·고교 정규나 필수 과목으로 지정하자는 단순한 주장을 하는 것이 아닙니다. 우리가 의외로 나와 타인의 마음과 행동의 이유를 배운 적이 없다는 사실을 강조하고 싶은 것뿐입니다. 참으로 안

타까운 일 아닌가요? 살아가면서 가장 우리를 힘들게 하는 것은 결국 사람이고 그들과의 관계인데, 그 원리와 해결책을 누구도 가르쳐 주지 않으니 말입니다.

　이제 진지하게 한번 공부해 볼까요? 사실, 이 책에 담긴 내용들은 심리학자로서가 아닌 한 인간으로서 제가 경험한 수많은 사람의 말과 행동에서 '왜 그러할까'를 고민한 결과물입니다. 물론 그 설명을 심리학자로서 한 것은 분명합니다. 무엇보다 이 책을 통해 그저 인간관계에서의 문제를 살펴보고 타인의 심리를 이해하고 설명하는 데 그치는 것이 아니라, 하나라도 가능한 해결책들을 같이 고민해 보면 좋겠습니다.

　저의 전공은 인지심리학입니다. 인지심리학은 사람을 바꾸기보다는 상황적 단서를 하나둘 살짝 바꿔서 꽤 준수한 결과를 만들어 내는 실험을 무수히 해 온 분야입니다. 그래서 "인지심리학이 도대체 무엇인가요?"라는 질문을 받을 때마다 저는 이렇게 대답합니다. "인지심리학은 넛지의 학문입니다." 넛지nudge. 말 그대로 '팔꿈치로 슬쩍 찌르다' '주의를 환기시키다'라는 뜻입니다. 이를 심리학자들은 '사람들의 선택을 유도하는 부드러운 개입'이라고 정의합니다. 사실 여기서 가장 중요한 핵심은 '부드럽다'에 있습니다. 강압적으로, 명시적으로 혹은 단도직입적으로의 반대말로 생각하면 쉽겠네요. 넌지시 무 언가를 슬쩍 바꿔서 이해할 수 없는 그 사람들로부터 나를 지 키고, 그들에게 가능한 변화를 불러일으킬 수 있는 가장 '저렴 한' 방법에 대해 고민을 해 온 것이지요.

얌체 같은 사람에서부터 악인이라고 불러도 손색이 없는 모 든 불편한 타인들에 대해 고민하고 이해하고 또 대처 방법을 공부하는 의미는 무엇일까요? 그 이유는 간단합니다. 바로, 우 리 자신이 그런 사람이 되지 않기 위해서입니다. 이런 사람들 때문에 힘들어한다는 건 나 역시 이런 모습을 보일 때 누군가 는 나로 인해 힘들어한다는 것과 같겠지요. 그리고 그럴수록 우리 자신의 생존력은 당연히 떨어질 것입니다.

비록 내게 힘듦을 안겨 주는 타인일지라도 그들을 이해하고, 나에게도 있을지 모르는 그런 측면들을 잘 다스려 모두의 생존 력을 함께 높여 가야 하지 않을까요. 왜냐하면 이 사회에는 아 직도 희망과 살아 볼 가치들이 너무나도 많이 남아 있기 때문 입니다.

2022년 10월 아주대학교 율곡관에서

인지심리학자 김경일

차례

나를 시험에 들게 하는 그 사람, 왜 그럴까요

1장

누군가를 조종하는
사람의 심리

#가스라이팅
#그루밍
#생각의무기력
#의지거세

최근 들어 이 단어를 많이 보거나 듣지 않았나요? 가스라이팅gaslighting. 인터넷 뉴스를 보면 기사 제목에도 이 단어가 자주 등장합니다. 실제로 구글 데이터를 살펴보면, 최근 몇 년 사이 검색량이 가장 많이 증가한 단어 중 하나가 '가스라이팅'이라고 합니다.

단어만 보면 뭔가 범죄와 연관되어 있을 것 같고, 굉장히 위험해 보입니다. 나와는 살짝 거리가 먼 단어처럼 느껴질지 모

○ 나를 시험에 들게 하는 그 사람,
왜 그럴까요

르지만, 사실 가스라이팅은 우리 주변에서 흔히 일어날 수 있는 일입니다.

누군가와 이야기를 나누고 나서 무기력한 느낌이 들고 힘이 빠져서 아무것도 하고 싶지 않았던 적이 있나요? 그렇다면 당신은 이미 가스라이팅을 당하고 있는지도 모릅니다. 내가 혹은 주변 사람이 가스라이팅을 당하고 있지는 않은지, 그럴 때 어떻게 해야 가스라이팅에서 벗어날 수 있는지, 더 나아가 누군가를 조종하고 싶어 하는 그 사람의 심리는 무엇인지 하나하나 알아보겠습니다.

대체 가스라이팅이 뭔가요

'가스라이팅'이라는 말은 1938년 패트릭 해밀턴Patrick Hamilton의 연극 〈가스등Gaslight〉에서 유래했습니다. 극 중 남자 주인공은 여자의 재산을 노리고 결혼한 후 온갖 속임수와 거짓말로 멀쩡한 아내를 정신병자로 몰아갑니다. 이처럼 타인의 심리나 상황을 교묘하게 조작해 스스로를 의심하게 만듦으로써 그 사람을 완벽히 지배하는 것을 가스라이팅이라고 합니다.

사실 심리학에서는 공식적으로 가스라이팅이라는 말을 쓰

지 않습니다. 비슷한 느낌의 '그루밍grooming'이라는 단어를 더 많이 씁니다. 중요한 것은 가스라이팅이든 그루밍이든 그 기본은 자꾸 상대에게 '너는 이런 사람이야'라는 암시를 준다는 것입니다. 물론 암시의 내용이 긍정적이라면 용기를 북돋아 주고 도전하게 만들 수도 있겠지요. 하지만 부정적인 암시는 자신의 목적에 맞는 사람으로 주저앉히려는 것입니다. 대부분 가스라이팅을 하는 사람들은 상대를 무기력하게 만드는 말과 행동을 반복합니다. 그래서 무기력을 목적으로 암시하는 경우 대체로 이를 가스라이팅이라고 부릅니다.

흔히 남녀 관계에서 가스라이팅이 많이 일어날 것이라고 생각하지만, 사실은 그렇지 않습니다. 남녀 사이의 가스라이팅은 데이트 폭력과 같은 범죄로 번지는 경우가 많고, 관련 기사도 자주 나오다 보니 좀 더 두드러졌을 뿐입니다. 연인처럼 깊은 관계가 아니라도 일상에서 가스라이팅은 일어날 수 있습니다.

▎한국인이 가스라이팅을 당하기 더 쉬울까

가스라이팅을 당하기 쉬울 때는 언제일까요? 바로 정신

○ 나를 시험에 들게 하는 그 사람,
왜 그럴까요

적으로 지쳐 있을 때입니다. 그런데 한국 사회는 '피로 사회'라고 부를 만큼 사람들이 지쳐 있습니다. 그러니 지친 마음을 이용해 주저앉히기도 좋겠지요. 가스라이팅이라는 말이 한국 사회에서 이토록 자주 회자되는 것은 그만큼 실제로 가스라이팅이 만연하기 좋은 문화가 형성되어 있다는 반증일 수 있습니다. 게다가 한국 사회는 상당히 서열화되어 있습니다. 서열을 중시하는 사회인 만큼, 힘이나 권위가 있는 사람인 경우 누군가를 가스라이팅하기가 더 쉬워지겠지요.

가스라이팅이라고 하면 우리는 주로 범죄를 떠올립니다. 하지만 조직 내에서 어떤 사람이 서열이나 권위를 이용해 사소하지만 지속적으로 누군가를 무기력하게 만드는 암시를 한다면, 이를 범죄라고 하지는 않습니다. 그저 조직 내에 나를 무기력하게 만드는 사람이 있어서 싫다고 하겠지요.

보통 이런 사람들은 자신의 본질적 불안과 세상을 둘러싸고 있는 불안이 결합해 강하게 점화된 경우라고 볼 수 있습니다. 무기력을 다른 사람에게 전염시키는 것이지요. 해 봐야 안 된다는 생각, 그러니까 자신의 하락세를 세상이나 조직의 하락세로 연결하려는 사람들이 주로 보이는 모습입니다.

예를 들면, 퇴직을 앞두고 있거나 커리어가 내리막 단계에 들어선 사람들이 경험 많은 노장, 사람 좋은 선배의 얼굴을 한 채

앞날이 창창한 후배들에게 '해 봐야 별수 없어. 우리 조직의 미래는 불 보듯 뻔해'라는 메시지를 틈날 때마다 던져 주는 경우가 여기에 해당한다고 볼 수 있습니다.

이런 사람들이 가장 싫어하는 것은 무언가 변화를 추구하고 새로운 시도를 해 보는 것입니다. 그래서 그걸 막고자 부정적인 말을 하는 것이지요. "다 너를 위해서 하는 말이야." "나니까 이렇게 알려 주는 거야." 이렇게 친절로 포장한 말들 속에서 가스라이팅은 의외로 부드럽게 일어납니다.

○ 나를 시험에 들게 하는 그 사람, 왜 그럴까요

가스라이팅은 흔히 수직적 권력 관계뿐 아니라 심리적으로 한쪽이 지배적인 관계에 있을 때 발생하며, 특히 긴밀한 관계에서 누군가를 통제하고 억압하려고 할 때 발현된다. 그래서인지 한국의 경우 상하 관계가 뚜렷한 군대, 회사 등의 조직이나 남성이 상대적으로 우위에 있는 전통적인 부부 관계에서 가스라이팅이 자주 발생하는 특징을 보인다.

가스라이팅을 당해도 알아채기 어려운 이유

일반적으로 가스라이팅에 대한 기사를 읽으면 가스라이팅을 당한 사람은 굉장히 오랫동안 피해를 입었으면서도 모른 채 지낸 경우가 많습니다. 그 사람들이 바보 같아서가 아닙니다. 가스라이팅을 당하면서도 쉽게 알아챌 수 없었던 것은 가스라이터가 긴 시간 권위자, 보호자 혹은 협력자의 얼굴을 하고 있었기 때문입니다.

이 셋 중 가스라이터들이 가장 좋아하는 역할이 바로 보호자입니다. 나보다 높은 사람(권위자)이나 나와 협동하는 사람(협력자)에 비해 보호자로 여겨지는 사람은 기본적으로 나쁜 의도

권위자　　　　　보호자　　　　　협력자

대부분 나와 같은 편처럼 보여, 가스라이팅을 쉽게 알아채지 못함

를 가지고 나를 대할 거라고 상상하기조차 힘들기 때문입니다. 보호해 준다는 느낌과 억압하고 조종한다는 느낌이 도저히 매치가 되지 않으니까요. 그래서 가스라이팅은 부부 사이에서도 얼마든지 일어날 수 있습니다. 그런 경우 대부분 한쪽이 보호자의 가면을 쓰고 있을 때가 많지요.

　그리고 가스라이팅을 하는 사람과 당하는 사람 사이에는 좋은 기억이나 추억이 있는 경우가 많습니다. 그리고 가스라이터들은 이 좋았던 기억을 이용해 상대를 자신으로부터 벗어날 수 없게 합니다. 기억이라는 건 가스라이터들에게 굉장히 중요한 전법이자 무기니까요.

　인간은 일어난 일은 잘 기억하지만 시간 순서는 쉽게 헷갈리곤 합니다. 다시 말해, 그 경험이 얼마나 끔찍하거나 즐거웠는지는 기억하지만 그 기억을 언제 했느냐는 잘 모릅니다. 예

○　나를 시험에 들게 하는 그 사람,
　왜 그럴까요

를 들어 볼까요? 세종대왕이 한글을 창제했다는 사실을 모르는 사람은 없지요. 그런데 그 사실을 언제 처음 알게 되었는지도 기억하나요?

우리는 2002년 월드컵, 군 입대일, 첫아이의 출산일처럼 이것과 비슷한 경쟁 대상이 없을 때만 그것이 어떤 기억이고, 그 기억을 언제 처음 머리에 담았는지 정확하게 압니다. 이처럼 어떤 지식을 알고 있는 것과는 별개로 그 지식이나 경험을 언제 했는가까지도 정확하게 알고 있는 것을 '소스 메모리'라고 합니다. 그런데 인간이 취약한 부분이 바로 이 소스 메모리입니다.

제 경험을 빗대어 보면, 대학교를 함께 다녔던 학과 동기들에게 "우리 그때 되게 재미있게 놀았잖아, 2학년 때"라고 하니까 모두 그때라고 생각하더라고요. 조금 뒤 늦게 온 다른 친구에게 "우리 그때 되게 재미있게 놀았잖아, 3학년 때." 하니까 "맞아, 3학년 때"라고 답했습니다. 보통 대학 생활은 입학한 1학년 1학기와 졸업을 앞둔 4학년 2학기만 기억에 남습니다. 1학년 2학기부터 4학년 1학기까지는 어떤 일이 있었는지는 기억하지만, 그 일이 언제 일어났는지에 대한 기억은 희미한 것입니다.

가스라이터들 또한 "그때 되게 좋았지?"라고 묻습니다. 그리고 "네가 내 말 잘 들었을 때"라고 얘기하지요. '그때 되게 좋았지'는 분명히 있는 기억이지만, '네가 내 말을 잘 들었을 때'는 편집되거나 왜곡된 기억일 가능성이 높습니다. 가스라이터는 이처럼 기억을 편집하는 데 능숙합니다. 자신도 모르게 그렇게 말하고, 또 듣는 사람은 나도 모르는 사이에 그 말을 믿게 되는 것입니다.

만약 상대가 이상한 점에 대해 의심하면 가스라이터들은 이렇게 대답할 겁니다. "네가 잘못 기억하는 거야, 내가 똑똑히 기억해." "내 말이 맞다니까? 왜 이렇게 예민하게 굴어?" "아무도 그렇게 생각 안 해. 너 말이 되게 이상하다?" 이런 말을 들으면 대부분 '내가 잘못 생각했나?'라고 여기겠지요. 가스라이터는 이렇게 반복적으로 기억의 소스를 편집함으로써 점점 더 쉽게 누군가에 대한 통제력을 높여 갑니다.

여기서 한 가지 주의할 점은 이런 말을 했다고 해서 모두가 가스라이터는 아니라는 것입니다. 상대가 나를 진심으로 걱정해서 한 말인지 가스라이팅을 한 것인지 알고 싶다면, 이를 구분할 방법이 있습니다. 그 사람의 말을 듣고 '뭘 해야겠다'는 대안이 생기는 게 아니라 '그러니까 하지 말아야 되겠다'는 대안 없는 결론에 도달한다면, 그것은 가스라이팅일 수 있습니다.

- 1단계 관계 형성: 친밀한 관계를 맺는다.

- 2단계 기억 왜곡: 한 번의 실수에도 과거까지 소환해 비난함으로써 자존감을 잃게 만든다.

- 3단계 심리적 고립(미니마이징): 주위 다른 사람과의 만남을 단절시켜 고립시킨다.

- 4단계 무시: 인간 이하로 취급한다. 그러다 어느 날 친절하게 대하면 그에게 복종할 수밖에 없게 된다.

누군가로부터 가스라이팅을 당하고 있다면 흔히 2단계까지의 모습이 나타난다. 만약 심리적 고립인 3단계가 시작됐다면, 어떻게 해서든 타인과 공유하고 대화하면서 도움을 받아야 가스라이팅을 피할 수 있다.

‖ 폭력보다 더 무섭고 위험한 가스라이팅

가스라이팅이 폭력보다 더 무섭고 위험하다고 주장하는 사람이 많습니다. 왜 그럴까요? 마약도 단기적으로 환각을 일으키는 강한 마약보다 조금씩 즐거움을 주는 생활 밀착형 마약이 훨씬 더 위험합니다. 작은 효과라도 계속 누적되는 것들은 세포를 바꾸고, 생각의 구조 자체를 바꿔 버리기 때문입니다.

인간에게 있어 습관만큼 무서운 것이 있을까요? 어떤 천재 과학자가 나와서 인간의 뇌 구조상 빨강일 때 걷고 초록일 때 멈추는 것이 낫다고 발표했다고 가정해 봅시다. 우리의 습관을 바꿀 수 있을까요? 아마 바꿀 수 없을 겁니다. 새로 태어난 사람이 아니라면, 그 이론이 본질적으로 맞는 것이라 해도 몸에 밴 습관 때문에 바뀐 룰에 적응하지 못하고 계속 초록일 때 길을 건너려 할 것입니다. 무엇이 맞고 틀리다 하는 것도 이렇게 습관 앞에서는 무의미해져 버립니다.

그런데 가스라이팅은 상대에게 '생각의 무기력'이라고 하는 습관을 심어 줍니다. 우리 뇌는 충격의 크기보다는 빈도에 훨씬 더 강한 영향을 받습니다. 큰 무기력을 한 번 경험하는 건 쉽게 극복할 수 있습니다. 하지만 가스라이팅에 의해 작은 '생각의 무기력'이 반복해서 쌓이게 되면, 뇌는 돌이킬 수 없는 결정을 내립니다. '이제 움직이지 말자'고 말이지요.

충격 크기   충격 빈도

○   나를 시험에 들게 하는 그 사람,
    왜 그럴까요

그래서 누군가를 만났을 때 유난히 해 봐도 안 될 거라는 생각이 들고, 지속적으로 힘이 빠지는 것 같은 느낌을 받는다면 의심해야 합니다. 아무리 상대가 친절하고 좋은 사람이어도 이런 상황이 자꾸 일어난다면 자신도 모르는 사이에 가스라이팅을 당하고 있는 중일지도 모르니까요.

소중한 사람이 가스라이팅을 당하고 있다면

가스라이팅을 당하는 사람은 자기가 그렇다는 사실을 스스로 알아차리기가 정말 힘듭니다. 만약 소중한 사람이 가스라이팅을 당하고 있다는 것을 알게 되었고, 그 사실을 얘기해 준다면 어떻게 될까요? 아마 대부분은 그 사람과 멀어지게 될 것입니다. 이럴 때 우리가 할 수 있는 일은 하나뿐입니다. 그 사람의 장점을 찾아 계속해서 칭찬해 주는 것입니다.

진화심리학의 대표적인 연구자인 텍사스 대학교의 데이비드 버스David Buss 교수는 남녀의 진화적 본능에 관해 설명하면서 남자들이 자기 아내의 외모를 비하하는 발언을 하는 이유를 '아내가 자기를 떠날 수도 있다는 두려움' 때문이라고 설명합니다. 그러면서 남자들은 그런 발언 뒤에 꼭 이런 말도 덧붙인다고 합니다. "나니까 같이 살아 주는 거야. 어디 가면 당신 거들떠보지도 않아"라고요. 이처럼 아내가 자신을 떠나지 못하도록 외모 비하 발언을 한다는 것이지요. 이 또한 일종의 가스라이팅으로 볼 수 있습니다.

데이비드 버스 교수는 이런 남편을 둔 아내들에게 아주 중요한 해결 방안도 함께 알려 줍니다. 나를 예쁘다고 하는 사람을 만나라고요. 바람을 피우라는 것이 아니라, 나의 아름다움을 일깨워 주는 사람들을 만나야 한다는 것이지요. 그래야 그런 말을 반복해서 하는 상대방이 이상하다는 걸 알게 될 테니까요.

만약 가스라이팅을 당하는 사람이 옆에 있다면 먼저 그 사람의 장점을 계속해서 얘기해 주세요. 사소한 것이어도 좋습니다. "와, 너는 어쩜 그렇게 정리를 잘해?" "정말 너는 다정하게 말한다." "네가 웃는 걸 보면 나도 기분이 좋아져." 하고 말이지요.

이러한 과정 없이, 가스라이팅을 당하고 있다고 먼저 알려 주는 것은 오히려 그 사람으로 하여금 자신을 진심으로 소중하게 여기는 한 사람을 잃게 만들 뿐입니다. 내가 이렇게 많은 장점을 가진 사람이라는 사실을 모르는데, 어떻게 진실을 들을 수 있겠어요? 그러니 앞서 가서 감당이 안 되는 이야기를 섣불리 꺼내지 말기 바랍니다. 그건 오로지 그 사람이 내릴 판단이니까요.

○ 나를 시험에 들게 하는 그 사람,
왜 그럴까요

많은 사람이 내가 가스라이팅을 당하진 않을까 걱정합니다. 하지만 더 중요한 것은 나도 모르는 사이에 내가 누군가를 가스라이팅 하고 있는 것은 아닌지 돌아보는 자세입니다. '일관'이라는 탈을 쓰고 상대에게 같은 말만 반복하고 있진 않은지 스스로를 돌아보기 바랍니다.

누군가 나에게 같은 말만 반복한다면 그것은 나에 대한 고민이 없다는 뜻입니다. 상대의 상황이나 발생할 수 있는 여러 경우를 생각하지 않고 언제나 같은 결론을 내린다는 것이니까요. 나도 누군가에게 그 사람에 대한 이해 없이 일관되게 말한다면 그런 사람이 될 수 있겠지요.

아랫사람이나 후배에게 충고해야 할 때가 있는데, 그때 선배의 언어는 두괄식이어야 한다는 점을 기억하세요. "이제부터 좀 불편한 말을 할 거야." 하고 자신의 의도나 개요를 먼저 알린 뒤 충고를 해야 합니다. 그런데 보통은 반대로 하지요. 주저리주저리 화를 내거나 넋두리를 한 뒤 "너니까 내가 이런 얘기해 주는 거야"라고 자기합리화를 합니다.

내 의도를 먼저 전달한 뒤 쓴소리를 하면 충고가 될 수 있지만, 감정을 먼저 드러내고 난 뒤 자신의 입장을 합리화하면 대부분 가스라이팅 식의 대화가 되기 쉽습니다. 나는 지금 사람들과 어떤 대화를 주로 하고 있는지 이번 기회에 한번 돌아보기 바랍니다.

○ 나를 시험에 들게 하는 그 사람,
왜 그럴까요

늘 밝은 얼굴 뒤에
감춰진 것

#심리적허세
#조울증
#자기방어

　'웃는 얼굴에 침 못 뱉는다'라는 말처럼 잘 웃으면 여러 모로 좋은 점이 많습니다. 그런데 주위를 보면 지나칠 정도로 많이 웃는 사람이 있습니다. 과장되게 밝은 이 사람들은 누가 지나가다 발을 밟아도 웃고, 식당에서 주문한 음식이 잘못 나와도 웃으면서 참고 먹습니다. 이 정도에서 끝나면 다행입니다. 누가 봐도 부당하고 부조리한 대우를 받고도 괜찮다고 하고, 본인이나 가족이 아파서 누군가 위로하면 자기는 괜찮다며

웃습니다. 직장에서 자신이 하던 프로젝트나 일을 누군가 가로
채 가는 상황을 맞닥뜨려도 항의하거나 따지기는커녕 그냥 웃
어 넘깁니다. 이런 사람이 가족이나 가까운 사람이라고 생각해
보세요. 얼마나 답답할까요?

늘 밝고 웃기만 하는 사람의 심리

사실 성격이 지나치게 밝은 것은 정도의 문제라고 할
수 있습니다. 그런데 우리가 이것을 문제라고 느끼게 되는 이
유는 그가 밝지 않아야 할 때조차 밝은 모습을 보이기 때문입
니다. 심리학자들은 이런 사람을 '부적절하게 밝은 사람'이라
고 표현합니다. 괜찮지 않은데 괜찮은 척하는 이러한 행동은
일종의 '심리적 허세'라고도 볼 수 있겠지요. 그런 사람들의 몇
가지 심리적 원인과 상태를 추측해 보면 다음과 같습니다.

첫 번째는 남에게 피해를 주는 일을 너무 싫어하는 사람일
수 있습니다. 내가 힘들고 어려운 이야기를 하면 상대의 기분
을 망치거나 힘들게 하지 않을까 하는 우려가 매우 큰 사람인
것이지요. 이런 경우라면 남의 이야기를 들을 때도 힘들어했을
가능성이 큽니다. 다만 그것을 잘 표현하지 못하고, 많은 경우

혼자 속앓이도 했을 겁니다. 그래서 어렵다, 힘들다는 티 자체를 안 내려고 노력하는 사람이 대부분 여기에 속합니다.

두 번째는 내가 슬프거나 괴롭고 힘들다는 걸 보여 주면 사람들이 자신을 열등하거나 약한 사람, 심지어 무능한 사람이라고 볼지 모른다는 불안이 있는 경우입니다. 이런 사람들은 어렸을 때 주위 사람들에게 '어른스럽다'는 말을 자주 들었을 확률이 높습니다.

우리는 언제 아이에게 '어른스럽다'고 말할까요? 화가 나도 화를 참고, 아파도 안 아프다며 괜찮다고 할 때입니다. 감정을 억누를 때마다 '어른스럽다'는 칭찬으로 심리적 보상을 받은 사람들은 실제로 밝은 성격이 아닌데도 지금 나의 감정을 누르고 애써 밝게 행동하는 것입니다. 이런 사람들의 진짜 속마음은 웃는 게 웃는 게 아니고, 우는 게 우는 게 아닐 겁니다.

그런데 이 방법을 오래 쓰면 한 가지 큰 문제가 생길 수 있습니다. 바로 내 감정을 제대로 직시하지 못하게 된다는 것입니다. 그러다 보면 어렵고 힘든 상황에 처해도 주변 사람들의 도움을 받을 수 없게 됩니다. 내 감정이나 상태를 적절하게 표현해야 주변에서도 나에게 관심과 지지를 보내 줄 텐데, 내가 어느 정도 아프고 힘든지 모르니 표현할 수도 없는 겁니다. 그렇게 적절한 지원이나 지지를 받지 못하는 시간이 계속 쌓이다 보면, 이런 문제는 어느 순간 곪아서 터질 수밖에 없습니다.

마지막으로 '다 괜찮다'라고 하는 그 사람이 아니라, 그의 곁에 있는 나에게 문제가 있을 수도 있습니다. 그가 늘 그러는 게 아니라 나와 같이 있을 때만 늘 괜찮고, 다 괜찮은 척을 한다면 말이지요. 그 사람이 뭔가 어렵고 힘든 티를 내거나 슬픈 감정을 표현했을 때 내가 부정적인 반응을 해 왔을 수 있습니다.

상대의 감정을 너무 가볍게 여기진 않았는지, 웃음거리나 호기심 거리로 전락시키진 않았는지 한번 되돌아보면 어떨까요. 지나치게 밝고 많이 웃는 그 사람만의 문제로 여기지 말고, 그 원인이 나 또는 우리에게 있는 것은 아닌지 생각해 보기 바랍니다.

▎부적절하게 밝은 그 사람, 어떻게 해야 할까

부적절하게 밝은 사람의 가장 큰 문제점 중의 하나는 그것이 자칫 아주 심각한 마음의 병으로 이어질 수 있다는 것입니다. 밖에서는 너무 밝은데 혼자 있는 집에 가면 한없이 가라앉는 사람은 심한 경우 조울증으로까지 발전할 수 있습니다.

여러분은 혼자 있는 평온한 순간에 어떤 표정을 짓나요? 거

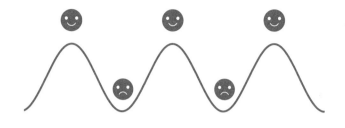

극심한 우울의 상태

의 아무 표정도 없을 겁니다. 그런데 부적절하게 밝은 사람의 경우 아무것도 없는 이 한적한 상태를 잘 견디지 못합니다. 워낙 양쪽의 차이가 크다 보니, 평온한 상태인데도 우울한 상태 혹은 우울증으로 착각하기가 쉽지요. 그래서 항우울제를 복용하게 되고, 그러다 점점 더 조증 상태로 가 버리는 경우가 간혹 생기는 것입니다. 그렇게 조증 상태를 지속하다 극심한 우울 상태로 떨어집니다. 우리는 이러한 감정의 롤러코스터 상태를 조울증, 양극성 우울 장애라고 합니다.

물론 이는 일반적으로 많이 발생하는 형태는 아니며, 굉장히 극단적인 사례입니다. 하지만 정신 질환으로 발전하지 않더라도 부적절하게 밝은 상태가 지속되면 심리적으로 평온한 상태를 불편한 상태로 착각할 수 있고, 이는 부정적인 상황이나 결과로 이어질 수 있습니다.

양극성 우울 장애 bipolar disorder

흔히 조울증이라고 부르며, 평상시와 달리 기분이 고양되고 즐거운 상태인 '조증'(또는 '경조증')과 '우울증'의 상태를 왔다 갔다 하며 기분이 극단적으로 변하는 정신 질환이다. 양극성 우울 장애는 1형과 2형으로 나뉘는데, 1형은 일상생활이 불가능할 정도로 고조된 기분이 지속되는 것을 말하며, 2형은 경조증 상태가 4일 이상 지속되는 것을 말한다.

부적절하게 밝은 사람이 친한 친구나 가까운 사람이라면 그냥 모른 척하고 넘어갈 순 없겠지요? 앞서 부적절하게 밝은 것을 '심리적 허세'라고 한 바 있는데요, 보통 우리는 자존심이 강해서 허세를 부린다고 생각합니다. 하지만 그에 못지않은 이유가 하나 더 있습니다. 허세의 이면에는 사람들에게 사랑받지 못하면 어쩌나 하는 강한 불안이 존재합니다.

내가 어떤 일 때문에 속상해하거나 힘들어하면 사람들에게 무능하거나 문제 있는 것으로 비쳐지고, 그로 인해 관심에서 멀어지고 사랑받지 못하면 어쩌나 두려워하는 것입니다. 이런 사람은 상대가 내게 무관심하거나 말을 걸지 않으면 '이 사람이 나를 싫어하는 건 아닐까'라는 불안에 지나치게 밝은 모습으로 스스로를 탈바꿈합니다. 이것 역시 매우 왜곡된 자기방어

○ 나를 시험에 들게 하는 그 사람,
왜 그럴까요

전략이라 할 수 있습니다.

가까운 사람이 이런 모습을 보일 때, 우리는 어떻게 해야 될까요? 그 사람이 자기 패를 보일 때만 내 패를 보여 줘야 합니다. 이런 성향의 사람들은 모두가 힘들다고 말하는데 자신만 그런 말을 하지 않았을 때 심리적인 위안을 받습니다. 소시오패스처럼 그걸 약점으로 삼아 이용하지는 않지만 '내가 힘든 걸 그 사람은 모르지만, 나는 그 사람이 힘든 걸 안다'라는 그 사실만으로 엉뚱하게 위안을 받고, 자신의 태도를 유지합니다.

그러니 이런 사람들에게는 '내가 솔직하지 않으면 상대방도 나한테 솔직하지 않겠구나.' 하는 걸 느끼게 해 주는 수밖에 없습니다. 그런데 아무리 기다려도 자기 얘기를 해 주지 않는다면 어떻게 해야 할까요? 직접 말로 알려 줘야 합니다.

실제로 제가 경험했던 일입니다. 한 친구가 부모님의 부고를 알리지 않았습니다. 친구의 부모님이 돌아가셨는데 문상도 못 가고 부의금도 전하지 못했으니 다른 친구들은 난감하기도 하고 미안하기도 했습니다. '내가 저 친구와 사이가 이 정도밖에 안 되나?' 하는 생각도 들고요. 그래서 결국 그 친구에게 "나도 똑같이 힘든 일이 있을 때 너한테는 알리지 않을 거야"라고 말했습니다. 그랬더니 그제야 곰곰이 생각하더라고요. 입장을 바꿔 생각해 본 것이지요.

가깝고 친한 사이일수록 충분히 서운하고, 심지어 불편할 수 있다는 걸 정확히 알게 해야 합니다. 만약 이렇게 했는데도 상대가 모른다고요? 그렇다면 안타깝지만 그 관계는 더 발전하기는 힘들다고 결론 내려도 괜찮을 듯합니다.

▮ 부적절하게 밝은 그 사람이 바로 나라면

앞서 소개한 내용을 보면서 '이건 내 문제야!'라고 느꼈다면 어떻게 해야 할까요? 나만의 태양계를 만들어야 합니다. 내가 부적절하게 밝은 사람이라면 열 명을 만나든 백 명을 만나든 모든 사람을 똑같은 잣대로 대하고 있기 때문에 그런 문제가 생겼을 가능성이 큽니다.

그럴 때는 내가 맺고 있는 인간관계를 조금 분류해 보길 권합니다. '나'를 중심으로 하나의 태양계를 그려 보는 겁니다. 부모님이 돌아가셨다는 아주 슬픈 상황부터 새로 이사를 가거나 직장을 옮겼을 때 같은 기쁜 상황까지 여러 가지 상황을 설정해 보세요. 그리고 나를 중심에 놓고 각 주제 혹은 분야마다 나와 관계 맺고 있는 사람들의 목록을 써 보는 겁니다.

이런 태양계가 억지로라도 확실하게 만들어지는 것이 바로

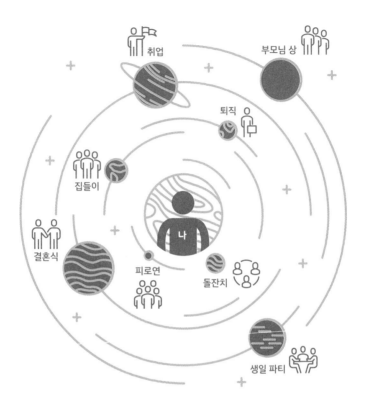

결혼식 청첩장을 나눠 줄 때이지요. 또 태양계가 한번에 재편되는 순간도 존재합니다. 가족이나 친지 분이 돌아가셔서 부음을 전할 때입니다. 이때는 청첩장을 전할 때와는 달리 누구에게 먼저 전한다거나 내가 미리 설정해 놓은 대로 알리는 것이 불가능합니다. 기존 태양계에서는 멀리 있던 사람인데 장례식에 달려와 줌으로써 안쪽으로 들어오기도 하는 등 관계가 달라지는 계기가 됩니다.

이처럼 나를 중심으로 한 관계도를 쓰거나 그리고 나면 '내 마음은 이런데 왜 모든 사람한테 똑같이 하고 있는 거지?'라는 생각이 들 것입니다. 이것도 연습입니다. 물론 나의 내면을 직시하는 일은 쉽지 않은 작업입니다. 하지만 계속 연습하다 보면, 적어도 이 사람은 '내가 어디까지 얘기할 수 있는 사람인가'가 가시적으로 그려질 겁니다.

우리가 일할 때 업무 현황판을 정리하는 것도 마찬가지 이유입니다. 일어나는 일들을 더 잘 들여다보고, 정교하게 처리하기 위한 것이니까요. 모두에게 똑같이 대하는 것은 내 마음의 현황판을 그리지 못해서입니다. 다양한 관계 속 내 마음의 현황판을 그리다 보면, 적어도 모두에게 '괜찮다'고만 하는 사태는 막을 수 있지 않을까요?

우리는 늘 자기 자신을 제일 잘 안다고 생각합니다. 하지만 사실 객관적으로 보지 못하는 경우가 훨씬 더 많습니다. 나와 주변의 관계를 돌아보고 그걸 눈에 보이게 쓰고 그려 보는 시간이 필요합니다. 생각보다 많은 시간과 노력이 들겠지만, 내 손으로 직접 써 보면 나 자신과 나를 둘러싼 관계, 그 속의 여러 사람을 보는 나의 시각이 분명해질 것입니다.

내가 어떤 사람인지 잘 몰라서 괴롭다면, 나에 대해서도 한 번 써 보세요. 누군가 힘들다고 표현했을 때 어떻게 반응했는지, 혼자 있을 때는 어떤 상태고 어떤 표정을 짓는지 말이지요. 그렇게 나를 중심으로 다양한 태양계를 만들어 보기 바랍니다.

입만 열면 남과 비교하는 사람이
옆에 있다면

#물리적거리

#가치상승과하락

#라이크와원트

대부분 가장 듣기 싫은 말을 꼽으라고 하면 성별, 나이, 직업과 상관없이 꼭 나오는 유형의 말이 있습니다. 바로 남과 비교하는 말입니다. 학교 다닐 때 정말 듣기 싫었던 "옆집 애는 공부 잘한다는데 너는 왜 그러니?", 직장 다니며 치 떨리게 들었던 "자네 동기 김 대리는 잘하던데 자네는 왜 그러나?", 명절이면 꼭 나오는 누구는 어디 취업했다더라, 누구는 대기업 다니는 사람 만난다더라 하는 소리, 연인이나 부부간에 무조건

○ 나를 시험에 들게 하는 그 사람,
왜 그럴까요

싸움을 유발하는 "○○는 이것도 해 준다는데 자기는 왜 안 해 줘?"처럼요. 이 모든 말에 공통으로 들어가는 것이 바로 '비교'입니다.

그런데 이런 비교하는 말도 꼭 하는 사람만 합니다. 입만 열면 습관적으로 사람들을 비교하면서 듣는 이를 너무도 괴롭게 만드는 그 사람. 대체 왜 사람을 그런 시선으로만 보는 걸까요?

‖ 꼭 비교하면서 말하는 사람의 심리

그냥 이렇다 저렇다 얘기하면 되는데, 인사팀 그 사람은 어떻다더라, 옆집 사람은 어떻다더라 하며 꼭 이렇게 어떤 대상과 비교하면서 말하는 사람. 도대체 왜 그럴까요? 가장 쉽게 짐작할 수 있는 이유는 상대방을 가르치고 싶어서 그런다는 것입니다.

그렇다면 가르치고 싶은 욕구가 샘솟는 대상은 어떤 사람들일까요? 바로 가까운 사람입니다. 어느 정도 거리가 있는 사람은 비교해서 말하기가 쉽지 않습니다. 그리고 비교해 봤자 효과가 있거나 설득력을 가지기가 어렵지요. 그래서 가족 간에 비교하는 말을 많이 하는 것입니다. 안 친하면 어느 정도 선에서 멈추고 더 이상 말하지 않을 텐데, 가까우니까 상대방이 깨닫지 못할까 봐 극단적으로 비교해서 말하는 것이지요.

사실 비교는 굉장히 쉬운 마음의 과정입니다. 눈에 딱 보이니까요. 친하다고 생각해서 '내가 생각하는 게 옳아'라고 상대의 입장에서 친절하게 가르쳐 주는 게 바로 비교입니다.

그렇다면 나는 전혀 가깝다고 생각하지 않는 친척이나 직장 상사는 왜 비교하면서 이야기할까요? 여기서 짚고 넘어가야 할 것은 '가깝다'라는 말이 '사이가 좋다'는 것과 같은 의미는 아니라는 겁니다. 사이가 좋고 나쁘고를 떠나서 상사는 물리적 거리가 가깝기 때문에 그리고 친척들은 촌수가 가깝기 때문에 '우리는 가깝다'라고 생각한다는 것이지요.

가까운 사이라면 내게 좋은 일이 있으면 진심으로 같이 기뻐해 주고, 내가 힘든 일을 당하면 같이 슬퍼해 줘야 하는 거 아니냐고요? 하지만 비교하는 사람들에게는 그 거리감이 나의 생각과 조금 다를 수 있습니다. 나를 놓고 다른 사람과 비교하는 사람에게 "왜 그렇게 비교해서 말하세요?" 하고 물으면 그는 분명 "다 네 생각해서 그러는 거야"라고 답할 겁니다. 그렇다면 그 사람은 우리가 서로 생각하고 걱정할 만큼 가까운 사이라고 여기고 있는 것입니다.

비교당하기 쉬운 환경에 노출되어 있는 한국인

그런데 이렇게 남들과 비교하는 대화는 외국보다는 한국 사회에서 더 많이 일어납니다. 왜냐하면 한국 사람들은 동질적인 경향이 강해서 서로 비교하기가 쉽기 때문입니다. 이를테면 자동차와 사과를 비교해 보라고 하면 '뭔 소리야?' 하겠지만, 같은 자동차인 SUV와 세단을 비교하는 것은 쉬운 것처럼요.

처음 한국에 온 외국인들은 일기 예보에서 이 멘트를 듣고 놀란다고 합니다. "내일은 전국적으로 비가 내리겠습니다." 왜 그러냐고 물었더니, 자기가 살던 나라에서는 한 번도 전국에 비가 내린 적이 없다고 하더군요. 상대적으로 작은 국토를 가진 우리나라니까 가능한 일기 예보인 것이지요. 그뿐만이 아닙니다. 우리는 거의 비슷한 시기에 학교에 입학해서 졸업하고, 거의 비슷한 시기에 취업하고, 거의 비슷한 날에 고향에 가고, 4년에 한 번 월드컵 때 빨간색 옷을 입습니다.

게다가 우리는 살고(집), 타고(자동차), 지니는 것(가방, 시계 등)의 가격 데이터도 굉장히 정확하게 압니다. 외국은 사는 집의 형태나 구조가 다양해서 한 번 보는 것만으로 시세를 알기가 어렵습니다. 하지만 한국은 저 단지 몇 동은 얼마이고, 로열

층은 얼마이며, 옆 단지는 얼마인지까지 바로바로 파악할 수 있습니다. 즉, 한국은 주위에 있는 거의 모든 것을 화폐적 계산법을 통해서 파악하는 게 가능하고, 그러니 가격 비교 또한 쉽게 할 수 있는 환경이지요.

이렇듯 비교가 만연한 문화를 바꿀 방법은 하나뿐입니다. 사람들마다의 개성과 사는 방식을 있는 그대로 바라봐 주고, 그 특징을 존중해 주는 시선이 필요합니다.

▌칭찬하면서 하는 비교가 더 나쁘다

기본적으로 비교는 어떤 것의 가치를 높이는 밸류에이션valuation과 어떤 것의 가치를 낮춰 버리는 디밸류에이션devaluation이 동시에 일어나는 현상입니다. 그런데 우리는 비교라고 하면 '왜 너는 개보다 못해?' 하는 디밸류에이션만 주로 생각합니다.

하지만 사람을 더 비참하게 만드는 것은 밸류에이션과 디밸류에이션이 섞인 비교입니다. "걔 되게 잘하지 않아? (쉬고) 너보다"처럼 말이지요.

또 칭찬하면서 하는 비교는 심리적 타격이 훨씬 더 큽니다. 보통 상대가 나를 비난하거나 지적하는 말을 할 때 우리는 미리 마음의 준비를 합니다. 하지만 "그 친구 차 되게 좋아 보이지 않아?" 같은 말을 들을 때는 그런 준비를 하지 않지요. '그 친구' 얘기를 하고 있으니까요. 그런데 뒤이어 "네 차보다 훨씬 낫다"는 말을 들으면 방심한 상태에서 상처를 입을 수 있습니다. 사실 좋은 차의 기준은 저마다 다른데, 단지 비교하는 사람의 말 때문에 내 차의 가치가 떨어지는 것처럼 느껴질 수 있으니까요.

▎ 남과 비교하는 사람은 행복해질 수 없다

끊임없이 남과 비교하는 사람의 특징은 자기만의 절대 기준이 없다는 것입니다. 자기 기준이 없으니 자꾸 타인의 모습이나 행동을 자기 것과 비교하면서 생각하는 방식을 취하는 것이지요.

행복이란 무엇이고, 행복하게 산다는 것은 어떤 것인지 자기만의 기준이 있는 사람들이 있습니다. 그들은 '차는 여기까지가 딱 좋아.' '월급은 이 정도면 만족스럽지.' 하는 나름의 기준이 있고, 누구랑 비교해 어떻다는 생각이나 말 자체를 별로 하지 않습니다.

비교는 기본적으로 자기 기준이 없는 사람들이 하게 되어 있습니다. 이들은 앞으로 어떤 방향으로 나아갈지 스스로 설정하기보다는 타인의 기준에 따라 내가 가고 싶은 길을 판단합니다. 그래서 남과 비교하는 사람 중에는 목표가 명확하지 않아 행복하지 않은 경우도 많습니다. 예컨대 내 점수는 70점인데, 나보다 공부 잘하는 80점인 친구를 목표로 공부했다고 합시다. 그런데 다음 시험에서 내가 85점을 받고 그 친구가 95점을 받으면 나의 노력은 의미가 없어집니다. 그러니 다음 목표를 향해 갈 때 힘을 내기가 매우 어렵습니다.

나를 시험에 들게 하는 그 사람,
왜 그럴까요

자기만의 기준이 없기 때문에 자꾸 비교를 하게 되는 거라고 말씀드렸지요? 그런데 이렇게 살다 만날 수 있는 최악의 상황은 비교할 상대가 없어지는 것입니다. 사람들은 스티브 잡스가 사망한다면 우스갯소리로 국내 기업인 S사가 가장 슬퍼할 거라고 했습니다. 혁신의 아이콘인 스티브 잡스가 사라졌으니 이제 무엇을 좇아가고, 누구를 이겨야 하는지 순간적으로 방향을 상실할 거라고요. 이렇듯 자꾸 비교당하거나 비교하다 보면 비교할 상대가 없어졌을 때 무엇을 해야 될지 모르게 될 수 있습니다.

계속해서 비교를 하다 보면 내가 진짜 원하는 것, 라이크like가 무엇인지 찾을 수 없게 됩니다. 비교를 통해 나오는 건 남들이 샀으니 나도 갖고 싶다는 원트want입니다. 비교와 상관없이 내가 온전히 가지고 싶은 것을 심리학에서는 '라이크'라고 합니다. 그런데 내가 원하는 것이 '내가 좋아하는 것'(라이크)이 아니라 '남들은 다 가지고 있는데 나만 안 가지고 있는 것'(원트)이라면, 원트와 라이크는 괴리될 수밖에 없겠지요. 사람은 내가 원하는 것도 가지고, 내가 좋아하는 것도 가져야 합니다. 그러자면 돈이든 시간이든 두 배의 에너지를 써야 하고, 만약 그럴 수 없을 때는 절반만 행복하게 되겠지요.

비교하고 싶을 때는 이렇게 하자

육아를 할 때 비교하는 것이 정말 안 좋다는 이야기를 많이 합니다. 어린아이의 경우 자꾸 비교를 당하게 되면 정체감에 혼란이 올 수 있습니다. 다시 말해, 자기 기준이 생기지 않는다는 것입니다. 그렇게 자란 아이들은 이후 성인이 되어서도 사소한 것에 쉽게 흔들리게 됩니다. 우리는 굳이 부모가 비교하지 않아도 비교 자체가 워낙 쉬운 세상에 살고 있습니다. 그런데 부모까지 일일이 비교하면 아이 입장에서는 정말 삶이 힘들 수밖에 없겠지요.

하지만 부모가 해도 괜찮은 비교가 하나 있습니다. 내 아이와 다른 아이를 비교해선 안 되지만, 내 아이의 예전 상태와 미래에 기대되는 모습 등 아이의 다른 모습과 비교하는 것은 괜찮습니다. 때에 따라서는 굉장히 긍정적인 효과를 가져오기도 합니다. 성공한 운동선수들이 자주 하는 말이 있습니다. '어제의 나와 경쟁했다'는 말인데요, 라이벌이나 다른 선수를 따라잡거나 이기기 위해서가 아니라 나 스스로와 싸웠다는 의미입니다.

"지난번에 잘했으니, 이번에도 그렇게 할 수 있지 않을까?" "와, 작년보다 5센티미터 더 컸네"와 같은 비교는 아이 스스로 자기 기준 안에서 판단할 수 있어 정체감의 혼란을 일으키지 않을 뿐 아니라 성장에 대한 동기를 부여하는 데도 효과적입니다.

사실 이런 칭찬이 유효한 것은 성인도 마찬가지입니다. "김 대리, 지난번에 굉장히 좋은 보고서를 냈는데 이번엔 살짝 부족하네? 그때처럼 좀 보완해 줄 수 있어?" 이러한 비교는 상대방의 마음을 전혀 상하게 하지 않습니다. 불행하게 만들지도 않고요.

한편, 남이 아니라 자신이 자꾸 스스로를 다른 사람과 비교하게 돼서 힘들다는 사람도 있을 겁니다. SNS를 보면 남들은 다 행복한데 나만 불행한 것 같고, 그들과 비교하며 스스로를 끊임없이 괴롭히는 사람들이 있습니다. 그런데 한번 생각해 봅시다. 대부분 SNS에는 여행을 가거나 새 차를 사는 등 자랑하고 싶은 행복한 순간만 기록합니다. 밥에 물 말아서 김치랑 먹는 사진을 올리는 사람은 거의 없지요. 그러니 SNS 세계에서는 모두가 행복해 보일 수밖에 없습니다.

자기한테 만족할 만한 것이 없다고 생각하는 사람일수록 남과 스스로를 비교하는 경향이 크다고 합니다. 문화심리학자 김정운 교수는 그런 사람을 '남의 감탄에 목마른 사람'이라고 표현한 바 있습니다. 이렇듯 남과 비교하는 성향이 강한 사람은 스스로 감탄할 것들이 필요합니다. 직업이나 자동차 같은 것은 여기에 해당되지 않습니다. 그건 모두 남들의 시선이 강하게 작용하는 것이니까요.

저는 새로운 것을 배우거나 취미를 가져 보라고 말씀드리고 싶습니다. 붓글씨, 필라테스, 당구 등 어떤 것이라도 좋습니다. 안 해 봤던 것을 새로 배우는 과정에서 '내가 이런 것도 할 수 있구나!' 감탄하고, 이후 실력이나 지식이 늘었을 때 나에게 또 감탄할 수 있는 여지가 생길 것입니다. 이는 나의 자존감과 정체감을 지켜 주는 갑옷 같은 역할을 합니다.

왜 SNS는 하면서
내 연락에는 답을 안 할까

#프로잠수러
#감정의과장
#사회적자원

친구 혹은 직장 동료에게 온 전화를 받지 못해 '부재중 전화' 메시지가 떠 있다면 여러분은 어떻게 하나요? 거기에 더해 전화를 달라는 문자까지 와 있다면요. 당연히 전화를 건 사람에게 연락을 하겠지요. 그런데 이 당연한 것을 안 하는 사람들이 있습니다.

같이 있지 않으면 전화도, 문자도, 카톡도 답이 없는 사람. 이들은 간혹 옆에 있는 사람이 보고 "얼른 연락해 줘." 하면 "필요하면 자기가 다시 연락할 거야"라고 말합니다. 문제는 친구나 지인뿐 아니라 업무 관련 연락에도 이렇게 행동한다는 것입니다. 습관적으로 연락을 안 하는 그 사람. 대체 왜 남의 연락을 받고 피드백을 안 하는 걸까요?

프로 잠수러의 유형

우리가 어떤 사람을 보고 '잠수 탄다'라고 이야기할 때, 먼저 고려해야 할 사항이 있습니다. 연락이 안 돼도 이해가 되는 사람이 있지요? 지금 너무 바쁘거나 힘든 상황에 놓여 있는 경우입니다. 몰랐으면 모를까, 그런 사정을 알고 나면 연락이 잘 안 된다 해도 답답해하거나 화를 내는 사람은 거의 없을 겁니다. 우리를 답답하게 하고 화나게 하는 사람들은 SNS 게시물은 하루에 몇 개씩 올리면서 정작 급할 때 연락이 안 되는 사람입니다.

보통은 내향적인 성격을 가진 사람일수록 이런 경향을 자주 보입니다. 더 중요한 것은 외향형으로 보이지만 실은 외향적이지 않을 때도 이런 경향을 보인다는 겁니다. 그리고 이런 사람들은 실제로 집에 가면 잠수를 탑니다. 왜 그럴까요?

이들은 밖에 나가서 생활하는 것만으로도 자신의 사회적 자원을 다 소진했기 때문에 말이든 생각이든 더 이상 타인을 위해 쓸 기력이 없는 겁니다.

실제로 성격 검사에서 내향성이 강하다고 나타난 사람이 외향성이 강한 사람처럼 밖에서 사람들을 만나고 대화하며 사회적 자원을 쓴다면 어떻게 될까요? 포럼이나 세미나에 참석해 하루에도 몇십, 몇백 명씩 만나 대화하고 나면 누군가의 전화를 받을 기력조차 남아 있지 않게 됩니다. 내향성이 강한 사람일수록 이러한 사회적 자원의 고갈이 빠를 겁니다. 그러면 결국 집으로 돌아와서는 전화를 받을 기운조차 없게 되지요.

또 다른 이유도 있습니다. 연락이 잘 안 되는 사람들의 공통점 중 하나는 약간의 불편함도 못 견딘다는 것입니다. 대화의 내용이 아니라 전화를 받는 것 자체가 조금이라도 불편하면 전화를 받지 않습니다. 왜 그럴까요?

굉장히 예민한 성격의 소유자이기 때문입니다. 까칠하다거나 퉁명스럽다는 이야기를 자주 듣는 사람도 여기에 속합니다. 예민해서 약간의 불편함도 크게 느끼는 사람은 심리적 압박감이 클 수밖에 없습니다. 그래서 그런 상황 자체를 아예 회피해 버리는 거예요.

마지막으로 한 가지 유형이 더 있습니다. 바로 감정이 과장

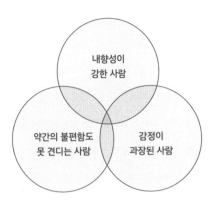

프로 잠수러의 유형

된 사람입니다. 누구나 자신이 힘들거나 안 좋은 처지에 있으면 자신의 일상을 보이고 싶어 하지 않습니다. 그런데 자신의 감정을 늘 과장해서 표현하는 사람의 경우, 내가 즐겁거나 신나지 않고, 아주 생산적이거나 좋은 일이 있는 게 아니면 안 좋은 상태라고 여길 가능성이 큽니다. 아무 일도 없는 평온한 상태를 이들은 나쁜 상태라고 느끼는 겁니다. 그런 자신의 상태를 남에게 들키고 싶지 않으니, 연락이라는 창구를 차단한 채 SNS 등을 통해 스스로 좋아 보이는 모습만을 걸러 보여 주는 것입니다.

○ 나를 시험에 들게 하는 그 사람, 왜 그럴까요

외향성을 어떻게 정의하느냐는 학자들마다 차이가 있지만, 인지 심리학자들은 외향성과 내향성을 타인에게 쓸 수 있는 에너지의 양이 다른 것이라고 이해한다. 즉, 하루에 만날 수 있는 사람의 수가 다른 것이다. 각각의 특징으로는 외향적인 사람들은 관심이 외부로 향해 있어 활동적이고, 내향적인 사람들은 더 많은 에너지를 내면에 집중하므로 높은 집중력을 보인다. 외향성과 내향성은 좋고 나쁨의 문제가 아니라 성향의 차이일 뿐이다.

연락 두절 후, 그 사람의 태도가 중요하다

앞서 살펴보았듯 연락을 안 하고 잠수를 타는 이유는 저마다 다릅니다. 그런데 우리가 진짜 주목해야 할 것은 연락이 안 된다는 사실보다 연락이 안 된 이후의 태도입니다. 어느 정도 관계가 있는 사이라면 잠시 연락이 안 되었다 해도 언젠가 다시 만날 수밖에 없을 겁니다. 만약 다시 만났을 때, 예전에 연락이 잘 되지 않았던 일을 미안해하지 않거나 자기 사정을 자세히 해명하지 않는다면 그 사람과는 거리를 두는 게 좋습니다. 이는 내가 생각했던 것만큼 그 사람에게 내가 중요한 사람이 아님을 보여 주는 행동이기 때문입니다.

만약 연락이 잘 안 되는 사람이 관계를 계속 유지해야만 하는 혹은 내가 관계를 유지하고 싶은 사람이라면 어떻게 해야 할까요? 궁극적으로는 그 사람에게 일종의 책임감을 느끼게 해 줘야 합니다. 전화를 안 받는다는 건 나에게 '리액션'을 해 주지 않는 것이니까요.

윈스턴 처칠Winston Churchill은 "불안과 공포는 반응이고, 용기는 결정이다Fear is a reaction, Courage is decision"라고 말한 바 있습니다. 불안과 공포는 아주 본능적이고 자연스러운 '리액션'이지만, 용기를 내는 것은 두렵지만 용기를 내 보겠다고 '결정'했다는 뜻입니다. 이것을 내 연락에 리액션 하지 않는 것에 대입해 보면 어떨까요?

내 전화에 리액션을 하고, 하지 않고는 그 사람의 자연스러운 반응입니다. 문제는 그 사람의 결정이 무엇이냐 하는 것입니다. 그러니 또 내 연락을 받지 않는다면 "그것이 너의 결정이니?" 하고 물어봐야 합니다.

'내 연락을 안 받고 싶은 거야?'와 '너는 앞으로 내 전화를 안 받기로 결정한 거지?'는 완전히 다른 의미입니다. 전자의 방식으로 물으면 도망갈 여지가 많습니다. 하지만 후자의 방식으로 물으면 도망갈 곳이 없습니다. '그렇다'고 답하면 나랑 관계를

○ 나를 시험에 들게 하는 그 사람,
왜 그럴까요

맺고 싶지 않다는 뜻이 되니까요.

나와 조금이라도 관계를 유지하고 싶다면 내 전화를 안 받기로 결정했다고 답하기는 어렵겠지요? 그러니 상대방도 책임을 더 많이 느낄 수밖에 없을 겁니다. 이렇게까지 말했는데, 본인의 본능적인 반응만으로 전화를 안 받기는 어려울 테니까요.

업무 관계자 중 프로 잠수러가 있다면

업무 관계자인데 연락이 잘 안 되고 잠수를 타는 경우, 귀찮고 번거롭더라도 연락한 구체적인 이유를 '많이' 말해 줘야 합니다. 양적인 측면에 초점을 맞춰야 한다는 의미입니다. 그런 사람들은 "일 때문에 그러는데 잠깐 만나시죠." 또는 "문서 정리 때문에 그러는데, 잠시 통화 괜찮을까요?" 같은 평범한 말로는 움직이지 않기 때문입니다.

그렇다면 어떻게 얘기해야 할까요? "협업 내용에 대해 상의해서 오늘까지 보고서를 작성해야 하는데, 당신의 의견이 꼭 필요합니다. 그래서 통화가 필요합니다"처럼 구체적으로 말해야 합니다. 그래야만 상대가 머릿속으로 통화의 필요성에 대해 생생하게 그릴 수 있고, 다음에 연락을 받았을 때 회신할 가능

A → [휴대폰] → B → 연락이 수월해질 가능성 높아짐

연락한 이유를
구체적으로 설명

통화의 필요성
완전히 파악

성이 높아집니다.

단기적으로는 이렇게 대처하는 것이 효과적이겠지만, 상대가 상습적으로 잠수를 타는 사람이거나 나보다 위에 있는 상사인 경우 문제가 훨씬 더 복잡해집니다. 그럴 때는 나의 감정도 넣어 말해야 합니다. 감정을 넣는다고 해서 불만이나 불쾌감을 표시하라는 말이 아닙니다. "그것 때문에 제가 애를 많이 먹고 있습니다"처럼 본인이 느끼는 감정적인 어려움도 알려야 한다는 뜻입니다. 상대가 상종 못할 정도의 사람이 아니라면, 이렇게 내 감정의 상태까지 살짝 담아서 연락해 달라고 해야지만 움직일 가능성이 좀 더 커질 것입니다.

이런 언급 없이 일반적인 업무 이야기로만 연락을 취하면, 이들은 '정 급하면 다시 또 연락하겠지.' '필요하면 다른 루트로 어떻게든 하겠지.' 하고 생각해 버리기 쉽습니다. 그렇다고 해서 일의 긴급함을 강조하는 건 오히려 이들을 자극하는 행위입니다. 왜냐하면 긴급하다는 것은 내가 아닌 일의 상태이니까

○ 나를 시험에 들게 하는 그 사람,
왜 그럴까요

요. 긴급하다는 걸 강조하면 오히려 상대가 비난의 화살을 나에게 돌리거나 불리한 쪽으로 이끌 수도 있습니다. 그러니 수고스럽더라도 이들에게는 일이 급한 게 아니라 내가 어렵다는 말을 포함해 이야기해야 합니다.

프로 잠수러가 바로 나라면

지금까지 프로 잠수러에 어떻게 대처해야 하는지에 대해 설명했는데요, 만일 이 책을 읽고 있는 여러분이 집에만 가면 어떤 연락도 받고 싶지 않은 프로 잠수러라면 어떻게 해야 할까요? 아마 스스로도 자신의 행동이 타인의 기분을 상하게 하고 불편하게 한다는 걸 알고 있을 거예요.

우리는 스마트폰을 쥔 순간부터 집에 들어와도 어느 정도 사회생활을 할 수밖에 없다는 걸 인정해야 합니다. 퇴근만 하면, 휴가를 떠나면 나를 찾을 방법이 없었던 시대는 이제 지나갔습니다. 스마트폰을 끄는 것만이 능사가 아니라는 것도 이미 알고 있을 겁니다. 그렇다면 어떻게 하는 게 현명한 대처일까요?

잠수 타는 나의 모습이 싫고 이걸 조금이라도 개선하려는 의지가 있다면, 일단 사람을 덜 만나야 합니다. 집에 돌아오면 너무 지쳐서 어떤 전화도 받지 않고, 어떤 연락에도 회신하지 않는다는 것은, 밖에서 사회적 자원을 내가 가진 것 이상으로 다 써 버렸다는 뜻이니까요. 다시 말해, 너무 많은 사람을 만난 것입니다. 그러니 나의 사회적 자원을 잘 관리할 필요가 있습니다.

음식을 먹을 때 배가 좀 찼다 싶으면 숟가락을 내려놓는 것처럼, 사람을 만날 때도 나의 사회적 자원이 완전히 소진될 때까지 두어선 안 됩니다. 받아야 하는 전화도 받지 못할 정도의 상황은 스스로가 만든 것이니까요. 따라서 누구를 만나고 무엇을 하고 놀든 사회적 에너지를 약간은 남겨 두어야 합니다. 그래야 연락 두절로 인해 나에게 비난의 화살이 쏟아지거나 피해 입을 정도의 상황은 만들지 않을 테니까요.

연락을 받지 않아서 문제가 커지는 상황을 막을 수 있는 또 다른 방법은 내가 잠수를 안 탔다는 걸 알리는 것입니다. 지금 당장은 통화하는 게 싫거나 버거울 수 있습니다. 그렇다면 문자로 '지금은 내가 좀 피곤해서 그러니 나중에 이야기하면 안 될까?' 하고 이 정도는 알려야 합니다.

이는 상대방뿐 아니라 나를 위한 배려이기도 합니다. 이런 문자를 남겨 놓는 게 결국 그 사람에게 내가 연락을 더 잘하게 되는 대안이 되기도 하니까요. 제 경험에 따르면, 그것이 마치 단서와 같은 역할을 해서 며칠 안에 최우선적으로 그 사람에게 연락을 하게 되는 경우가 많더라고요.

　더 좋은 것은 '나중에 연락할게.' 정도가 아니라 '내일 전화할게.' 또는 '내일 오후 5시 전후로 전화할게'라고 명확하게 정해서 문자를 보내는 것입니다. 이렇게 하면 상대의 입장에서는 섭섭함이나 불안, 막막함이 줄어들 것이고, 나의 입장에서는 실제로 내일 상대에게 연락할 확률을 높이는 장치가 될 것입니다. 양쪽 모두를 위한 안전 장치이자 배려 장치가 되는 셈이지요.

　마지막으로 여러분은 어떤 때 대화를 하고 싶지 않다는 생각이 드나요? 나에게 부담되거나 말하고 싶지 않은 주제를 주로 이야기해야 할 때가 아닌가요? 사실 대화를 나눌 때, 나에게는 부담이 없는 주제라고 해도 상대방에게는 큰 부담이 될 수 있습니다. 그러니 누군가를 프로 잠수러 혹은 연락이 잘 안 되는 사람이라고 낙인을 찍거나 그런 것 때문에 섭섭해하거나 화내기 전에 스스로를 한 번쯤은 돌아보았으면 합니다. 내가 대화할 때 상대가 꽤 불편해하거나 부담스러워하는 주제를 일상적으로 꺼내고 있지는 않은지 말입니다.

나를 기운 빠지게 하는
비관적인 사람의 심리

#잦은불행
#비관과비판
#착한얼굴뒤비관론자

뭘 하든 초를 치는 사람이 있습니다. 그 사람과 대화하다 보면 자꾸 기운이 빠집니다. 같이 힘을 내서 뭔가 해 보려하다가도, 상대방이 너무 우울하고 비관적인 전망만 쏟아 내면 잘해 보려던 마음도 쏙 들어가 버립니다. 비관적인 사람은 "내가 그렇지 뭐." "난 뭘 해도 잘 안 되더라." 이런 말을 습관적으로 내뱉습니다. 그래서 이 사람들과 이야기하다 보면 나도 모르게 같이 수렁에 빠져드는 느낌이 듭니다. 어떤 말을 하든, 뭘

○ 나를 시험에 들게 하는 그 사람,
    왜 그럴까요

하든 여러분을 계속해서 비관의 늪으로 빠뜨리는 그 사람. 대체 왜 그럴까요?

비관은 성격이 아니라 습관이다

먼저 한 가지 짚고 넘어가야 할 것이 있습니다. 비관은 성격이 아니라 상당 부분 습관에 기초한다는 것입니다. 심리 검사에서 '비판적 사고'는 주관적 의견보다는 사실에 기초해서 타당한 대안을 선호하는 경향을 말합니다. 하지만 '비관'이라는 항목은 아예 심리 검사에 존재하지 않습니다. 비관은 어떤 성격에도 다 들어갈 수 있으며, 타고난 것이 아니라 출생 이후에 형성된 습관에 더 가까운 경향이라고 할 수 있으니까요.

그래서 저는 '비관적 성격'이라는 말은 잘못되었다고 생각합니다. 그리고 다른 심리학자들도 비관悲觀이란, 말 그대로 성격이 아니라 관점의 문제라는 점을 강조합니다. 물론 비관적인 말을 많이 할수록 기질적으로 좀 어두운 사람일 수는 있습니다. 하지만 그보다는 자신의 현재 상태가 하락세에 있다는 것을 굉장히 강하게 느끼고 있는 사람인 경우가 더 많습니다.

인지심리학을 비롯한 다양한 심리학 분야에서 계속해서 강

현재 상태 : 하락세

조하는 말이 있습니다. '행복은 크기보다 빈도다.' 큰 행복 한 두 번보다는 작은 행복을 여러 번 경험할 때 우리는 행복하다고 느낍니다. 우리 뇌는 감정의 크기보다 빈도를 중요하게 생각하기 때문이지요. 이는 트라우마처럼 감당할 수 없을 만한 극단적인 경험을 제외한 모든 상황에 해당하는 말입니다. 불행 역시 마찬가지입니다.

그렇다면 누군가 비관적이 되었다면, 큰 트라우마가 그 사람을 지배하고 있거나 작은 불행이 여러 번 지속적으로 닥친 경우라 할 수 있습니다. 보통은 후자일 가능성이 더 크겠지요. 결국 그 사람은 빈도가 높은 여러 개의 작은 불행에 익숙해져 비관이라는 습관을 만들어 낸 것입니다.

결론적으로, 그 사람에게는 비관적 성격이 아니라 비관이라는 습관을 형성한 지난 시간이 있었던 것입니다. 저는 보통 그 기간이 평생이 아닌 대략 10년 내외라고 생각합니다. 그리고

○ 나를 시험에 들게 하는 그 사람,
왜 그럴까요

그 지난 10년이 바로 우리가 눈여겨봐야 할 대목이고요.

그런데 '비관'과 '비판'은 어떤 차이가 있을까요? 이 두 가지가 제대로 구별되지 않으면, 미래에 대해 부정적인 의견을 내는 모든 사람을 비관적이라고 매도하고 내 곁에서 떼놓으려 할지 모릅니다. 간단히 말하면, 비관적인 사람은 결과가 어떻게든 무작정 안 좋을 것이라고 생각하는 사람이고, 비판적인 사람은 '이렇게 하면 이런 과정을 거쳐 결과가 안 좋을 거야'라고 구체적으로 생각하는 사람입니다.

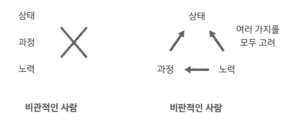

이 둘은 굉장히 다릅니다. 비관적인 사람은 지금 주어진 상태, 그다음의 과정, 결과를 만들어 내는 사람의 노력, 이 세 가지에 대한 어떠한 언급도 없이 "해 봐야 안 돼"라고 말합니다. 반면, 비판적인 사람은 상태, 과정, 노력 등 여러 가지를 모두 고려한 뒤 이러저러한 문제가 있어서 안 된다는 결론을 냅니다. 그래서 '비판적이다'의 반대말에는 낙관과 비관이 다 들어

갑니다. 대책 없는 낙관과 대책 없는 비관은 모두 비판의 반대 말인 것이지요.

║ 착한 얼굴을 한 비관론자가 위험한 이유

이제 우리가 관심을 가지고 있는 '대책 없는 비판'에 대해 이야기해 보겠습니다. 내 주변에 이런 비관론자가 있다면 피하고 싶겠지요? 그런데 마냥 피할 수 없는 이유는 이들이 의외로 착한 사람의 얼굴을 하고 있기 때문입니다.

사실 조직 내에서 뭔가 새로운 것을 시도하거나 도전해 보자고 제안하는 사람들은 일정 부분 악역을 담당할 수밖에 없습니다. 그런데 이렇게 악역을 자처하는 사람들은 두 가지 유형이 있습니다. 잔소리하는 사람 그리고 쓴소리 하는 사람. 잔소리와 쓴소리는 어떻게 다를까요? 잔소리는 주로 해야 할 것을 하지 않았을 때 듣습니다. 반면, 쓴소리는 해야 될 일을 제대로 하지 않았을 때 듣습니다. 지금껏 한 적 없는 새로운 것을 해보자는 제안은 쓴소리에 해당하겠지요.

받아들이는 입장에서는 둘 다 악역처럼 보이겠지만 가정이나 조직, 나아가 우리 사회에는 이렇게 잔소리, 쓴소리를 하는

○ 나를 시험에 들게 하는 그 사람,
왜 그럴까요

사람들이 필요합니다. 결과적으로 잔소리하는 사람은 일어나면 안 되는 일을 막아 주는 역할을 하고, 쓴소리하는 사람은 꼭 필요한 변화를 이끌어 내는 역할을 하기 때문이죠.

오히려 조직에 위협이 되는 사람은 잔소리, 쓴소리를 하는 사람이 아닌 비관적인 사람들인지도 모릅니다. "바꿔도 안 될 거야. 그러니까 하던 대로 하자"라는 달콤한 말을 하며 편안함 뒤에 숨어 있는 사람들 말이지요.

주변 사람들이 느끼기에 사람 좋은 얼굴을 한 누군가가 "해 봐도 안 되니, 그냥 하던 대로 하자"라고 하면 우리는 약간의 위안까지 받으며 그대로 눌러앉아 버립니다. 이들은 조직 내 다른 사람들에게 편안하고 안일한 것이 좋다는 생각을 계속 심어 주면서, 조직이나 사회가 긍정적인 방향으로 변화하는 것을 막고 있는 존재인지 모릅니다.

이러한 비관적인 사람은 대부분 착한 얼굴을 하고 있기 때문에 우리는 그 사람을 욕하지 않습니다. 욕하거나 비판할 일이 없으니 더 자주 만나게 되고 그 사람에게 더 많은 영향을 받을 수밖에 없지요. 이것이 바로 착한 얼굴을 한 비관론자가 위험한 이유입니다.

비관적인 사람의 말에는 '동사'가 없다

비관적인 사람은 사용하는 말에도 특징이 있습니다. 앞서 설명한 것처럼 사람이 비관에 쉽게 빠지는 이유는 잦은 불행을 겪으며 자신의 비관적 예측이 맞았던 경우가 많기 때문입니다. 그럴 때 비관적인 사람이 가장 많이 하는 말이 있습니다. "거봐, 내가 그럴 줄 알았다."

평소에 우리도 자주 쓰는 말이지만, 비관적인 사람에게는 이런 말이 비관으로 가는 일종의 심리적 시드머니가 됩니다. 스스로 이렇게 말하면서 비관적으로 미래를 예측하고, 이 말이 부정적인 결과로 자연스럽게 이어지게 만드는 것이지요. 즉, 최악의 자기 암시를 하는 겁니다.

비관적인 사람들의 말투에서 찾을 수 있는 또 하나의 특징은 유난히 동사가 적다는 것입니다. 동사는 '~을 하다'라는 행위를 나타내는데, 비관적인 사람들은 미래에 하고 싶은 것이 없습니다.

가령 "나중에 은퇴하고 나면 뭐 하고 싶으세요?"라고 물으면, 비관적인 사람들은 주로 명사로 대답합니다. "농장" "사업" "가게"라고 말입니다. 그것을 통해 구체적으로 뭘 하겠다는 계획이 없습니다. 반면, 긍정적인 사람들은 "개인 서재를 만들어

　　○　나를 시험에 들게 하는 그 사람,
왜 그럴까요

서 로봇 공학 쪽 공부를 해 보고 싶어. 지금까지는 철학을 공부했는데 요즘은 새로운 걸 해 보고 싶더라고"처럼 하고 싶은 일을 담은 동사들을 길게 나열합니다.

그래서 저는 꿈을 명사로 이야기하는 것을 굉장히 경계해야 한다고 자주 조언합니다. 꿈이 명사가 되면 그 결과가 대부분 안 좋기 때문에 비관에 빠지기가 더 쉬워집니다. 회사에 가 보면 꿈이 임원이나 부사장, 사장인 분들이 많습니다. 그런데 그분들은 그 자리에 오르고 나면 끝입니다. 미래가 없습니다. 그래서 그다음에 뭘 해야 할지 모른 채 얼마간 허송세월합니다. 그러고 나면 조바심이 나고 초조해져, 엉뚱한 방향으로 애꿎은 부하 직원들만 다그치고 쪼아 댑니다.

그런데 제가 알고 있는 세상의 수많은 뛰어난 리더들은 이렇게 말합니다.

"내가 그 자리에 가면 이건 꼭 바꾸고 말 거야."

이렇듯 그 자리에 오른 후에 무엇을 할지 생각했던 사람들은 그 일을 하면서 또 다음 꿈을 꿉니다. 아무리 긍정적인 사람이라도 명사로 미래를 꿈꾸면, 자신이 꿈꾸던 일이 이뤄진다 해도 그다음에 찾아오는, 무엇을 해야 할지 모르겠다는 혼란 때문에 비관에 빠지기 쉽습니다.

소중한 사람이 비관적인 성향이라면

내가 피할 수 없는 사람이거나 소중해서 피하고 싶지 않은 사람이 계속해서 나에게 비관적인 말을 할 때는 어떻게 해야 할까요? 그럴 때는 그 사람의 말을 역으로 이용하는 방법을 권해 드립니다. 어떻게 하느냐고요? 결과가 좋았을 때 "너, 그럴 줄 알았어"라고 말해 주면 됩니다. 그러면 그 사람이 긍정적인 결과로 눈을 돌릴 가능성이 높아집니다.

같이 협동해서 진행한 일이 좋은 성과로 이어진 경우, 그 결과를 놓고 논공행상을 하는 것도 중요합니다. 그 사람이 한 일을 찾아서 칭찬해 주는 것이지요. "네가 하자는 대로 했더니 더 잘됐어." 또는 "네가 낸 그 아이디어 아니었으면 실패할 뻔했어."하며 성공한 결과를 짚어 주세요. 이렇게 칭찬받은 경험을 바탕으로 긍정적으로 생각하는 습관을 가지도록 옆에서 도와주는 것입니다.

주변에 비관적인 사람이 있다면 또 하나 강조해 줘야 할 것이 있습니다. 지난 10년간 당신의 많은 것이 역동적으로 변화했다면, 앞으로의 10년도 그러할 것이라는 사실입니다. 다음은 사람들의 과거에 대한 기억과 미래에 대한 예측을 연구한 그래프입니다.

○ 나를 시험에 들게 하는 그 사람,
왜 그럴까요

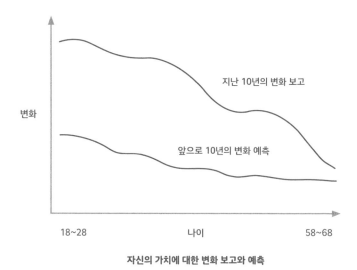

자신의 가치에 대한 변화 보고와 예측

출처 : 조르디 쿠아드박Jordi Quoidbach, 대니얼 길버트Daniel T. Gilbert, 티모시 윌슨Timothy D. Wilson(2013), 〈역사적 환상의 종말The end of history illusion〉,《사이언스Science》339, pp.96~98

기본적으로 인간은 과거에 비해 미래의 변화를 굉장히 축소해서 예측한다는 특징을 가지고 있습니다. 이 현상은 모든 연령대에서 나타나는데, 사람들은 자신의 지난 10년간 100만큼 변화가 있었다면, 앞으로의 10년은 30 정도만 변할 거라고 생각합니다. 이렇게 인간은 늘 미래를 과소평가합니다. 그래서 미래에는 지난 10년보다 더 좋은 일이 일어나지 않을 거라고 단정해 버립니다.

그러니 비관적인 사람에게는 생각이 좁은 영역에 머무르지 않도록, 미래에도 굉장히 많은 변화가 있을 것이라는 넓은 선택지를 제시하고, 계속해서 그러한 암시를 해 주는 것이 중요합니다. 평상시에 "너는 왜 이렇게 매사 비관적이야"라고 그 사람을 나무라기보다는 "앞으로는 어마어마한 새로운 일들이 많이 일어날 거야." 하고 말이지요.

　비관적인 사람이 여러분보다 나이가 훨씬 많다면, 앞으로 세상이 많이 변할 거라는 말만 가지고는 그 사람의 생각을 바꾸기가 힘들겠지요? 그때는 덧붙이면 좋은 한마디가 있습니다. 평균 수명이 굉장히 길어지고 있다는 걸 언급하며, 앞으로 오래 사실 테니 그 세월 동안 긍정적으로 변화할 여지가 충분하다는 점을 강조하는 겁니다.

　실제로 제 주변에 은퇴를 앞두고 비관적인 전망에 빠져 있는 선배님이 계셨습니다. 그래서 제가 "앞으로 재수 없으면 140까지 사신대요." 하고 말씀드렸더니 '이렇게 눌러앉기에는 앞으로 남은 생이 너무도 길다'며 무엇이라도 해 보자는 생각을 하셨다고 합니다. 그러니 여러분 주변에 비관적 성향의 연장자가 있다면 이런 이야기를 많이 해 드리기 바랍니다.

　비관적인 생각을 하는 사람이 오히려 돋보일 수 있는 조직이 있습니다. 굉장히 긍정적인 리더가 이끄는 조직입니다. 긍정적인 사람이 보지 못하는 것을 비관적인 사람이 발견할 때가 있기 때문입니다. 그래서 비관적인 조직원과 긍정적인 리더가 결합하면 의외로 합이 잘 맞는 경우가 많습니다. 반대로 리더가 비관적이고 조직원이 긍정적인 경우는 합이 잘 맞는다고 보기 어렵겠지요.

다른 관점에서 보면, 나이가 들고 사회적 지위가 높아질수록 비관적인 생각을 많이 한다는 것은 그만큼 어른의 구실을 제대로 하지 못한다는 의미인지도 모릅니다. 물론 언제나 비판적인 사고는 필요합니다. 하지만 점점 나이가 들어가며 내가 얼마나 긍정적인 생각을 많이 하는지, 긍정적인 미래를 바라볼 수 있는 말들을 하는지 스스로 한번 되짚어 보기 바랍니다.

한눈파는 바람둥이
구별법

#접근동기
#회피동기
#집착
#역규칙

진짜 이해되지 않는 인간 유형을 꼽으라고 하면 다섯 손 가락 안에 꼭 들어가는 것이 바로 이리저리 기웃대고 집적이는 바람둥이 유형입니다. 사귀는 사람이나 배우자가 있으면서도 늘 이성에게 '여지'를 남기고, 여지를 넘어 '썸씽something'을 만들고, 썸씽을 넘어 '스캔들'을 만들어 내는 사람 말입니다. 오죽하면 '한 번도 바람 안 피우는 사람은 있어도 한 번만 바람 피우는 사람은 없다'는 말이 나왔겠어요? 사랑하는 사람을 두

○ 나를 시험에 들게 하는 그 사람, 왜 그럴까요

고 다른 사람에게 한눈파는 사람의 심리는 대체 뭘까요? 지금부터 바람둥이의 심리적 민낯을 낱낱이 파헤쳐 보겠습니다.

바람둥이 유전자가 따로 있을까

한눈파는 바람둥이를 두고 "그런 놈들은 날 때부터 그렇게 생겨 먹었어"라고 말하는 사람도 있습니다. 유전자의 문제라는 겁니다. 정말로 한눈파는 유전자가 따로 있을까요?

호주 퀸즐랜드 대학교 연구팀이 실제 이 주제로 연구한 결과에 따르면, 자주 한눈을 팔고 바람기가 많은 사람일수록 도파민을 분비하는 도파민 수용체가 길었다고 합니다. 도파민 수용체가 길다는 것은 일반적으로 그 작용이 활발함을 의미합니다. 즉, 도파민 수용체가 길어서 도파민이 많이 분비될수록 한눈파는 사람이 될 확률이 높다는 것이지요.

그렇다면 진짜 태어날 때부터 한눈파는 사람이 정해진 걸까요? 인지심리학자로서 그렇지 않을 뿐 아니라 그렇게 간단한 문제도 아니라고 생각합니다. 유전자가 같더라도 사람의 성격과 습관은 다양한 요소의 영향을 받아서 결정되기 때문입니다. 그렇다고 이 연구 결과가 틀렸다는 말은 아닙니다. 결과를 조금 비틀어서 생각해 볼 필요가 있습니다.

도파민은 우리가 흥분 상태에 있을 때 주로 분비됩니다. 그렇다면 우리는 다음의 두 장소 중 어디에 있을 때 더 흥분하기 쉬울까요? 첫째, 아주 조용한 도서관, 둘째, 큰 음악이 나오는 클럽. 정답은 분명하죠. 도파민 분비량이 많다는 것은 그 사람이 도파민 분비가 많을 수밖에 없는 상황에 자주 노출된다는 뜻입니다. 유전자의 영향이 아니라 그런 상황을 더 많이 만들어 도파민을 많이 나오게 했다는 것이지요. 물론 도서관보다 클럽이 한눈팔기도 쉬웠을 겁니다.

심리학에서 굉장히 오래전부터 중요하게 강조하는 말이 있습니다. '흥분된 상태에서 내리는 결정은 땅을 치고 후회한다'는 것입니다. 흥분 상태에서는 자기감정의 종류나 강도를 정확히 파악하기가 어렵습니다. 그러므로 잘못된 결정을 내릴 확률이 아주 높다는 겁니다. 한눈파는 것 역시 이러한 잘못된 결정 중의 하나일 수 있겠지요.

○   나를 시험에 들게 하는 그 사람,
          왜 그럴까요

한눈파는 행동에 숨겨진 심리적 민낯

자꾸 한눈판다는 것은 스스로 자기감정을 믿지 못함을 의미합니다. 바람둥이 중에는 자기감정을 잘 모르거나 믿지 못하는 사람이 많습니다. 늘 복잡한 상황에 자기를 노출시키는 사람 중에도 한눈파는 사람이 많습니다. 사실 사람뿐 아니라 어떤 물건을 고를 때 확실히 결정하지 못하고 이리 기웃, 저리 기웃하는 것 역시 같은 맥락입니다. 자신이 진짜 뭘 좋아하는지 모르고 그 감정을 믿을 수 없으니, 결정을 번복하고 싶어 하고 또 다른 결정을 내릴 수 있는 여지를 만들어 두려 하는 것이지요.

그런 사람들에게 필요한 것은 스스로의 감정을 조금 더 들여다볼 수 있는 시간입니다. 그런데 그러기는커녕 더 복잡한 상황으로 자신을 몰아넣고, 갈팡질팡하면서 일을 저지르고 다닙니다. 게다가 사람은 복잡하고 정신없는 상황일수록 더 자극적인 것을 원하게 되어 있습니다. 시끄러운 곳에서 음식을 먹으면 더 짜고, 달고, 자극적인 것을 먹고 싶어지는 것과 같은 원리지요. 복잡하고 정신없는 환경에 자신을 더 많이 노출시킬 때, 사람들과의 만남에서도 금지된 것, 조금 더 자극적인 것을 원하게 됩니다.

자꾸 한눈파는 사람들의 성격을 보면 충동 조절이 잘 되지 않는, 이른바 '충동 조절 장애'인 경우도 많습니다. 그렇다면 이런 성격은 왜 생겼을까요? 충동을 조절할 수 있는 적절하고 조용한 상황을 어린 시절부터 거의 경험하지 못했기 때문입니다.

완벽주의적 성향을 지닌 부모 아래서 성장했거나 어렸을 때부터 강한 압박을 받은 경우 충동 조절 장애인 아이가 나올 확률이 높다는 것은 이미 잘 알려진 사실입니다. 그런데 이것 역시 같은 맥락에서 볼 수 있습니다. 아이 혼자 스스로의 감정을 돌아보고 정리할 여유가 없었기 때문에 충동을 조절하지 못하고 일을 저지르게 된다는 겁니다.

충동 조절 장애impulse control disorder

자기 자신이나 타인을 해하려는 충동이나 유혹을 조절하는 데 있어서 반복적인 실패를 경험하며 형성되는 정신 질환의 일종으로, 강박증이나 중독과 같은 양상을 보인다. 충동 조절 장애를 가진 사람은 대부분 스스로 충동 조절 장애임을 인식하지 못하며, 지나친 의심 또는 공격성(폭력성)을 보인다. 충동으로 인해 증가한 긴장감을 해소하기 위해 과도하게 공격적이고 파괴적인 행동을 보임으로써 타인과의 관계 형성에 어려움을 겪는다.

○   나를 시험에 들게 하는 그 사람, 왜 그럴까요

한눈파는 바람둥이를 구분하는 방법

한눈파는 사람들만의 공통적인 특징이 하나 있습니다. 언쟁이나 다툼이 일어났을 때 겉돌면서 말싸움을 피하려고 한다는 것입니다. 문제를 직면해 풀어 가기보다는 구렁이 담 넘어가듯 은근슬쩍 넘어가려고 합니다. 서로 감정이 정리되지 않았는데, 싸우는 게 두려워서 피해 버리면 결국 서로 답답한 채로 끝나 버리겠지요.

싸우는 것을 싫어하는 사람의 가치는 '원만성'입니다. 보통은 잘 싸우지 않는 사람을 보고 성격이 원만하다고 합니다. 그런데 대부분의 바람둥이는 성격이 원만합니다. 그래서 서글서글하다는 얘기를 많이 듣곤 하죠.

그렇다고 모든 일을 싸워서 풀라는 이야기는 아닙니다. 하지만 때로는 싸워서라도 서로의 의견을 조율하거나 오해를 풀어야 할 때가 있습니다. 그럴 때 문제를 무작정 피하기만 하고 얼렁뚱땅 넘기려고만 한다면, 그 사람은 나중에 한눈팔 확률이 높다고 볼 수도 있습니다.

이와 정반대로, 별일 아닌데도 싸움을 만들려고 한다면 또 다른 의심을 해 봐야 합니다. 그는 집착하는 사람일 수 있으니까요. 실제로 집착이 강한 사람은 싸움을 두려워하지 않는 경우가 많습니다. 그리고 적당한 선에서 끝내기보다는 끝을 보려 들지요.

피해야 할 싸움은 피하고, 집중해야 할 때는 집중하는 사람이야말로 적정한 선을 잘 찾는 사람일 겁니다. 구분이 쉽지 않겠지만, 만나면서 상대가 초반에 극단적인 모습을 많이 보인다면 둘 중 하나일 거라고 한 번쯤 의심해 볼 필요가 있습니다.

한편, 바람둥이는 아니지만 모든 사람과 잘 지내고 싶어 하는 사람도 있습니다. 이들은 모두에게 사랑받고 싶어 하고, 사람들이 자기를 싫어하지 않아도 관심이 없다는 사실만으로 견디기 힘들어합니다. 이것 역시 자신에게 집중을 못 하는 사람의 특징입니다. 집중하지 못하는 사람은 결국 과도하게 남의 시선을 신경 쓸 수밖에 없게 되니까요. 그러니 이런 사람들 역시 자신에게 집중하는 시간이 부족한 것은 아닌지 스스로 돌아보아야 합니다.

▎ 내 연인이 한눈파는 사람이라면

만약 내 연인이 한눈을 잘 파는 사람이라면 어떻게 해야 할까요? 그리고 속상하게도 그 사람과 헤어지고 싶지 않다

○ 나를 시험에 들게 하는 그 사람,
   왜 그럴까요

면 어떻게 해야 할까요? 한눈파는 사람들은 무언가 좋은 것을 얻기 위해, 즉 그것에 가까워지기 위해 열심히 움직이는 접근 동기가 아주 강한 사람입니다.

이렇게 접근 동기만 강한 사람에게는 부담감을 줘야 합니다. "나는 너를 믿어. 그러니 제대로 해 봐"라는 신뢰를 바탕으로 한 커뮤니케이션이 필요합니다. 접근 동기를 가진 사람으로 하여금 책임감을 느끼게 하는 것은 '신뢰'입니다. 신뢰를 얻는다는 건 멋있고 뭔가 품위 있어 보이니까요. 그러니 신뢰를 먼저 보여 줘야 합니다. 그렇게 했는데도 신뢰를 짓밟힌 경우에는 그 관계를 포기해야겠지요.

접근 동기	회피 동기
무언가 **좋은 것**을 얻기 위해, 즉 그것에 가까워지기 위해 열심히 어떤 일을 하는 것	무언가 **좋지 않은 것**으로부터 벗어나거나 회피하기 위해 열심히 일을 하게끔 만드는 것

반대로 내 연인이 나한테 집착하는 사람이라면 어떻게 해야 할까요? 접근의 반대말이 회피지요? 이들은 무언가 좋지 않은 것으로부터 벗어나기 위해 움직이는 회피 동기가 강합니다. 집착하는 사람에게는 약속을 잘 지키는 것이 굉장히 중요

하고, 그래서 규칙에도 민감합니다. 실제로 이들은 '이거 하지 마.' '저거 하지 마.' '이럴 때는 이렇게 해.' 하며 여러 가지 규칙을 만들어 자신의 파트너나 배우자, 연인을 괴롭힙니다.

그들에게 "앞으로 집착하지 않을 거라고 믿을게." 하는 것은 아무 의미가 없습니다. 대신 역규칙을 만들어야 합니다. '이럴 때는 이런 말 금지' '저럴 때는 들여다보지 않기' 등 규칙을 만들어 지키게 해야 합니다. 그런데 대부분은 반대로 합니다. 습관적으로 바람을 피우는 사람에게는 약속을 지키라고 하고, 집착하는 사람에게는 다시 한번 믿어 보겠다고 합니다. 그러니 효과가 거의 없는 것입니다.

이렇게까지 해 봤는데도 연인이 전혀 달라지지 않는다면 포기하고 헤어져야 합니다. 아직 내가 그 사람을 사랑해서 인간의 한눈팔기와 집착에 대한 욕구까지 연결해 그에 부합하는 용서와 대화를 했는데도 달라지지 않았다면, 그때는 깨끗이 관계

한눈파는 사람 ➔ 부담 주기　　　집착하는 사람 ➔ 역규칙 이용

를 정리하는 것이 현명한 선택입니다.

    요즘 심리학에서 많이 연구하고 있는 주제 중의 하나가 진정
성입니다. 진정성의 사전적 정의는 '참되고 올바른 특성'입니
다. 하지만 심리학에서 진정성은 조금 다른 의미로 쓰입니다.
나의 솔직한 모습을 드러내서 나도 편해지고 상대방도 편안하
게 만드는 것을 '진정성'이라고 합니다.

    바람둥이들이 상대의 마음을 얻기 위해서는 자신의 진짜 모
습이 아닌 가식적인 모습을 자주 보일 수밖에 없습니다. 그러
다 보면 점점 답답하고 불안해질 것입니다. 관계 또한 어려워
질 수밖에 없지요. 한식을 좋아하는 사람이 상대의 기호에 맞
춰 양식만 먹다 보면 힘들어지는 것처럼요.

    하지만 어느 날 "사실 나는 한식을 좋아해"라고 솔직하게 말
하고, 상대방은 그 의견을 받아들여 "그럼 두 번에 한 번은 한
식을 먹자. 나도 한식을 좋아해 볼게." 하고 말하는 겁니다. 이
것이 바로 진정성 있는 관계이고 진정성 있는 대화이겠지요?
양식만 먹으며 그 사람의 마음을 얻은들 무엇이 남을까요? 아
마도 이 관계는 만족하지 못한 상태로 남아 또 다른 관계를 추
구할 수밖에 없게 되겠지요.

    나의 솔직한 모습을 보이고 그 솔직한 모습에 흔쾌히 동의해

주는 상대방에게 정성을 다하는 것이 그 무엇보다도 중요합니다. 서로 진정성을 보여야 육체적으로도 심리적으로도 건강한 관계를 유지할 수 있다는 것을 잊지 말기 바랍니다.

○ 나를 시험에 들게 하는 그 사람,
왜 그럴까요

상습 지각러를 대하는
자세

#미래계획기억

#텀term

#낙관적오류

누군가와 만나기도 전에 그 사람에 대한 인상이 확 나빠지는 행동이 하나 있습니다. 바로 약속 시간에 늦는 것입니다. 오래 만난 사이든 처음 보는 사이든 계속해서 약속 시간에 늦으면 이미지가 좋을 수 없겠지요.

그런데 한두 번도 아니고 상습적이라고 할 정도로 매번 만날 때마다 늦는 사람들이 있습니다. 회사에 매번 5분씩 늦는 직장 동료, 나와의 약속에 15년째 매번 늦게 오는 친구, 늦다 못해 약속을 잊어버리기까지 하는 애인. 5분만 일찍 나오면 될 것 같은데 매번 늦고, 늦어서 미안해하고, 또다시 늦는 그 사람. 매번 이렇게 꼭 늦는 '상습 지각러'의 심리는 대체 무엇일까요?

그는 대체 왜 맨날 늦을까

미국의 심리학 전문지인 〈사이콜로지 투데이Psychology Today〉에 지각하는 사람들에 대한 워싱턴 대학교 연구진의 논문이 실린 적이 있습니다. 연구진은 제한 시간을 두고 실험 참가자에게 특정 미션을 주었습니다. 미션은 퍼즐 풀기나 페이스북 타임라인 훑어보기처럼 시간 가는 줄 모르고 하기 쉬운 것들이었습니다. 그리고 제한 시간을 얼마나 잘 지키는지 확인했습니다.

연구진은 이와 관련해 시간 의존적인 미래 계획 기억time-based prospective memory이라는 다소 복잡한 개념을 제시했습니다. 미래에 수행해야 할 일들에 대한 기억으로 친구와 만나기로 한 약속이나 지금 하고 있는 일 다음에 뭘 해야 할지를 기억하는 능력을 말합니다. 어떤 심리학자들은 이를 미래 기억prospect memory, prospective memory이라고 부르기도 합니다.

실험 결과, 이 미래 계획 기억이 뛰어난 사람은 그렇지 못한 사람에 비해 제한 시간을 잘 지키는 경향을 보였습니다. 다시 말해, 매번 약속 시간에 늦는 사람들은 미래 계획에 대한 기억이 뛰어나지 않고, 그 순서 지키기를 굉장히 어려워한다는 것입니다. 이는 세종대왕이 언제 한글을 만들었는지에 대한 기억뿐 아니라 '다음 주 화요일 12시에 마트에 가야 해'라는 미래에 대한 기억도 분명히 기억 체계에서 중요한 부분임을 알려줍니다.

시간 활용 능력 WIN

'미래 계획 기억'이 높은 사람   '미래 계획 기억'이 낮은 사람

주변의 상습 지각러들을 살펴보면 크게 두 가지 부류로 나뉩니다. 첫 번째는 매번 정확하게 5분에서 15분씩 늦는 사람입니다. 두 번째는 매번 늦는데 얼마나 늦을지도 종잡을 수 없는 사람입니다. 각 유형별로 왜 매번 그렇게 늦는지, 그 원인을 살펴보겠습니다.

매번 일정 시간만큼만 늦는 사람의 특징

매번 정확하게 그 시간만큼만 늦는 사람은 스스로 설정해 놓은 시간 범위 내에서 본인이 늦는다는 것, 그러니까 언제 도착할지를 아는 사람입니다. 약속 장소까지 이동하는 데 걸리는 시간을 알고 있다는 뜻이지요. 그런데도 왜 늦느냐고요?

보통 우리는 시간 약속을 판단할 때 범위를 설정합니다. 가령 3시에 약속이 있고, 약속 장소까지 가는 데 걸리는 시간이 한 시간 정도라면 1시 반에서 2시에는 출발해야 늦지 않을 거라고 판단한다는 것입니다. 매번 일정 시간만큼 늦는 사람은 2시가 임박했을 때, 즉 마지막 순간에 출발합니다. 이들은 다른 일을 할 때도 늘 마감 기한에 닥쳐서, 신호의 맨 마지막에 움직일 가능성이 높습니다. 즉, 이것도 습관, 상당히 안 좋은 습관이라 할 수 있습니다.

끓는 물에 면과 수프를 넣고 3분간 라면을 끓일 때 스톱워치로 시간을 재는 사람은 거의 없을 겁니다. 보통 '지금이 15분이니 18분까지 끓여야지.' 하는데, 그러면 오차가 발생할 수밖에 없습니다. 그런데 라면을 맛있게 끓이는 사람을 보면 레시피에 나와 있는 시간을 정확히 지키기보다는 조리 과정을 계속 보고 있습니다. 그러면서 슬쩍 면도 들어 보고, 어느 정도 익었나 맛

도 봅니다. 그리고 정확히 3분이 지나지 않더라도 다 익었다고
판단될 때 불을 끕니다.

약속도 마찬가지입니다. '아이고, 이제 나가야겠네.' 하면서
임박해서 나가면 꼭 그 시간만큼 늦기 마련입니다. 1시 반에서
2시 사이에 출발해야 하는데, 중간에 시간 확인을 안 하고 늘
마지막에 시계를 보니까 부랴부랴 나오게 되는 것이지요. 반
면, 약속 시간을 기억하고 중간중간 체크하는 사람은 웬만해서
는 늦지 않습니다.

이들에게는 또 한 가지 특징이 있습니다. 출발 예정 시간이
임박할 때까지 무언가를 한다는 것입니다. 이들의 일정표를 보
면 마음속이든 다이어리상이든 1시 반까지 할 일이 있습니다.
그 일을 하고 난 다음에 약속 장소로 이동하니, 그 사이에 준비
시간이 없습니다. 이렇게 딱 맞게 일정을 짜놓은 사람일수록
약속에 일정하게 늦을 확률이 높습니다.

일정과 일정 사이에는 일종의 여유 공간이 필요합니다. 이를

준비 시간이 없음

'텀term'이라 부르는데, 장소를 이동하는 물리적 시간 외에 심리적으로도 이동할 시간이 필요하다는 것입니다. 어떤 일을 끝낸 뒤 전혀 다른 일을 바로 하기란 쉽지 않으니까요. 어쨌든 이러한 습관이 쌓여서 매번 일정 시간만큼 늦는 '상습 지각러'가 되는 것입니다.

매번 늦는데, 얼마나 늦을지도 종잡을 수 없는 사람의 특징

이보다 더 문제가 심각한 사람은 매번 늦는데, 얼마나 늦을지도 종잡을 수 없는 사람입니다. 이들은 앞서 언급했던 '미래 계획 기억' 능력 자체가 많이 떨어지거나 아예 없는 사람일 수 있습니다. 이러한 특성을 가진 사람은 집중하면 다른 것이 안 보입니다.

사실 이들은 굉장히 자기중심적인 사람일 수 있습니다. 시간 약속을 혼자 하는 사람은 없습니다. 누군가와 함께 정한 약속을 계속해서 잊는다는 것은 자기 일만 급하고 중요해서 다른 사람을 배려하지 못할 때가 많다는 의미니까요.

개인적 성향과 상태를 떠나서 약속에 매번 늦는 사람들에게는 또 다른 심리가 있습니다. 안타깝지만, 그 사람은 그 약속이

○ 나를 시험에 들게 하는 그 사람,
왜 그럴까요

나 모임을 별로 중요하게 여기지 않는 것입니다. 중요하지 않은데 어떻게 기억하고 시간에 맞춰 갈 수 있겠어요? 물론 조금 다른 경우도 있습니다. 내가 좋아하는 일이고 늦어서 욕먹기도 싫다면 당연히 계속 생각할 것이고 늦게 오지도 않을 겁니다. 매번 늦는 사람은 그 모임이 재미있고 좋더라도, 일이 아니기 때문에 또는 그 모임의 사람들과 가까워 욕먹거나 비난받는 것이 그렇게까지 두렵지 않을 때 늦는 경우도 많습니다.

결론적으로, 매번 늦는 사람은 그의 무의식 어딘가에서 그 약속이나 모임을 늦어도 되는 자리라고 생각하고 있을 가능성이 높다는 것입니다.

왜 가까이 사는 사람이 더 자주 늦을까

사실 과학적인 통계는 아직 없습니다만, 우리가 살면서 체감하는 지각러의 유형이 하나 더 있습니다. 가깝게 사는 사람이 더 늦는다는 것입니다. 학교 앞에 사는 친구나 회사 근처에 사는 직원이 지각하는 경우를 자주 보았지요? 많이 늦는 것도 아니고 대부분 5~10분, 심지어는 2~3분씩 지각을 합니다.

이들의 특징은 이동하는 거리든 그에 필요한 시간이든 매번 최소치나 최단 시간을 기억하고 거기에 맞춰서 움직인다는 것입니다. 그 사람이 학교나 회사까지의 이동 시간을 10분 정도로 잡았다면, 이는 지금까지 했던 수백, 수천 번의 등교, 출근 중 가장 짧은 시간을 기준으로 삼았을 확률이 높습니다. 이를 '낙관적 오류'라고 합니다.

낙관적이면 좋은 것 아니냐고 하는 사람도 있겠지만, 긍정과 낙관은 조금 다릅니다. 나쁜 일이 일어나도 내가 노력해서 잘 관리하면 좋게 만들 수 있을 거라고 생각한다면 긍정적인 것입니다. 하지만 낙관은 자칫 잘못하면 현실 자체를 부정하는 방향으로 흐를 수 있습니다.

낙관적인 사람의 대화법	긍정적인 사람의 대화법
"이번에는 성적이 안 좋았지만, 다음에는 좋아질 거야!"	"이번에는 성적이 안 좋았지만, **열심히 공부하면** 다음에는 좋아질 거야!"

학교든 직장이든 거리가 가까우면 부정적 변수가 끼어들 여지가 많지 않겠지요. 그만큼 낙관적 오류가 발생할 확률이 높고, 그래서 가까이 사는 사람들이 지각하는 경우가 많이 발생하는 것입니다. 그러므로 회사(학교) 가까이서 살면서도 지각

○ 나를 시험에 들게 하는 그 사람, 왜 그럴까요

을 밥 먹듯 하는 사람이라면 진땀 날 정도로 오래 걸렸던 출근 (등교) 시간을 기억해 메모장에 기입하거나 써 붙여 두는 것이 도움이 될 것입니다.

지각하는 사람과는 누구도 미래를 논하지 않는다

그간 다양한 종류의 이해할 수 없는 타인들에 어떻게 대처해야 하는지 방법을 제시해 왔는데요, 상습적으로 지각하는 사람들은 옆에서 무언가 해 줄 수 있는 것이 많지 않습니다. 왜 늦는지 원인을 파악하고 이해하는 것 정도는 가능하지만, 그걸 바꾸기란 굉장히 어렵습니다.

누군가와 10년, 20년을 같이 지냈는데 약속에 늦거나 약속을 지키지 않는다고 그 사람과의 관계를 끊는 일은 그렇게 많지 않을 겁니다. 하지만 기대나 평가를 할 때는 약속을 잘 지키는 사람과 매번 약속 시간에 늦는 사람 간에 확실한 경계선이 생깁니다. 사업적으로도 약속에 늦는 사람과는 중요한 거래를 하지 않듯이요. "너 왜 이렇게 늦었어?" 하며 격하게 화내지는 않지만, 그런 사람과는 미래를 논의하거나 중요한 일을 함께할 수 없다고 무의식적으로 결정을 내린다는 것입니다.

《긍정심리학Positive Psychology》의 저자 마틴 셀리그만Martin Seligman이 최근 '호모 프로스펙투스Homo Prospectus'에 관한 책을 썼습니다. 여기서 프로스펙투스는 '조망한다' '미래를 이야기한다'는 뜻으로 '전망하는 인간'이라고 번역할 수 있습니다. 누군가와 어떤 이야기를 주고받느냐가 그 사람 그리고 둘 사이의 관계를 정의할 때가 있습니다. 헤어질 연인과 미래에 대해 이야기하지 않는 것처럼요.

우리는 누군가와 관계가 깊어질수록 '앞으로 ~를 하자.' '나중에 이거 꼭 같이하자.' 하고 미래에 대한 이야기를 하게 됩니다. 그런데 흥미롭게도 매번 늦는 사람과는 이런 이야기를 거의 하지 않습니다. 만약 내가 매번 늦는 사람이라면 이는 내 주변 사람들이 '나 없는 세상' '나를 고려하지 않는 세상'에서 살아가는 전망을 만든다는 의미입니다. 매번 늦는 '상습 지각러'라면 이 점을 꼭 기억하기 바랍니다.

약속에 늦는 것보다, 그다음에 하는 행동이 더 중요하다

늦는 것이 얼마나 나쁜지 이야기하고 있지만, 사실 살면서 어떻게 한 번도 약속에 안 늦을 수 있겠어요? 모든 약속에

한 번도 늦지 않는다는 것은 사실 불가능에 가깝습니다. 최선을 다해 약속 시간에 맞추려고 노력해도, 상황에 따라 연속적으로 늦는 일이 생깁니다. 이렇게 늦었을 때 꼭 해야 하는 행동이 있습니다. 미리 연락해서 사정을 알리는 것입니다.

누군가 매번 약속 시간을 어겼을 때 화가 나는 것은, 그 사람이 약속을 중요하게 생각하지 않는다고 느끼기 때문입니다. 얼마나, 왜 늦는지 미리 연락해 사정을 알리는 일은, 이 약속을 중요하게 여긴다는 걸 인식시키고 늦어서 미안하다는 마음을 표현하는 아주 중요한 행동입니다.

사실 상습 지각러들 중에는 늦고서도 사과하지 않는 사람도 많습니다. 사과를 할 때는 상대방을 제대로 쳐다보면서 진심을 다해서 해야 합니다. 들어오면서 땅바닥을 보며 "죄송합니다, 늦었습니다." 하는 경우가 있는데, 그렇게 해서는 진심이 전달되지 않습니다.

앞에서도 말했지만 주변 사람들이 늦는 사람에게 화가 나는 이유는 이 약속이나 모임을 쉽게 생각한다고 느껴서일 때가 많습니다. 그러니 기회가 될 때마다 내가 이 약속을 얼마나 중요하게 생각하고, 이 만남을 얼마나 즐거워하는지 보여 줘야 합니다.

정말 소중한 친구인데 매번 나와의 약속에 늦어서 너무 속상하다고요? 그러면 "우리 10년 후에는 어떻게 될까?" 하고 이야기를 꺼내 보세요. 이런저런 이야기를 하다 매번 지각하는 친구에게 한마디해 주는 겁니다. "그때도 너는 10분씩 늦을 거야. 나는 네가 약속에 늦는 것만 예상되는데?" 하고 미래에 전혀 긍정적인 모습이 아닐 거라는 점을 짚어 주는 거예요. 그 친구도 여러분을 소중하게 생각한다면 깨닫는 바가 있을 겁니다.

반대로 본인이 자주 지각하는 사람이라면, 그 습관을 가볍게 넘기지 말고 앞서 이야기한 내용을 되짚으며 찬찬히 생각해 보기 바랍니다.

웬만해선 알 수 없는
타인의 마음에 대하여

2장

나르시시스트를
피해야 하는 이유

#나르시시즘
#마키아벨리즘
#반사회적인격장애
#정서전이

살다 보면 악한 사람을 만나는 일이 생깁니다. 그런데 법을 어기고, 살인을 저지른 중범죄자만 악인이 아닙니다. 주위 사람을 심리적으로 무력화시키고, 그걸 교묘하게 이용하는 사람도 악인입니다. 악인으로 분류될 수 있는 이러한 반사회적 인격 장애를 가진 사람들은 크게 세 부류로 나눌 수 있습니다. 사이코패스와 소시오패스 그리고 나르시시스트입니다.

사이코패스와 소시오패스는 많이 들어 보았지만, 나르시시스트는 조금 생경하게 느껴질 수 있습니다. 그리고 '자기애가 강한 사람? 거울만 봐도 황홀해하는 사람? 그런 사람 뭐 나쁘진 않잖아, 괜찮은 거 아니야?'라고 생각하는 분들도 있을 거고요. 하지만 사이코패스, 소시오패스만큼 위험한 것이 나르시시스트입니다.

심리학에서는 자기애를 넘어 자기밖에 모르는 사람을 나르시시스트라고 합니다. 이들은 함께 있는 것만으로도 숨 막히는 분위기를 만들고, 주위 사람을 망가뜨립니다. 피할 수 있다면 꼭 피해야 하고, 관계가 있다면 깨끗이 끊어야 하는 사람 1순위가 바로 나르시시스트입니다. 나르시시스트가 대체 뭐기에 이토록 위험하다고 하는 걸까요?

주변에 나르시시스트가 있다면 피해야 하는 이유

나르시시즘narcissism은 죄의식과 감정이 전혀 없는 사이코패스 그리고 내 마음대로 사람을 조종하고 싶어 하는 마키아벨리즘machiavellism과 더불어 3대 인격 장애로 꼽힙니다. '다른 사람이 아닌 나만 잘나야 돼'라고 생각하는 것이 나르시시즘의 대표 특징입니다. 나르시시스트는 자기 검증 따위는 하지 않습니다. 자기를 검증하지 않으니 결과적으로 자기 자신이 가장 멋져 보이고, 자기 자신만을 최고로 여기기 때문에 타인을 전혀 배려할 줄 모릅니다.

여기까지만 놓고 보면, 나르시시스트도 사이코패스나 소시오패스와 매우 유사한 성향으로 보입니다. 하지만 이들이 사이코패스나 소시오패스보다 더 위험한 이유가 있습니다. 사이코패스와 소시오패스는 반사회적 성향이 심하게 발현될 경우 범죄로 이어질 확률이 높지만, 나르시시스트는 범죄 이전 단계에 머물러 있기 때문입니다. 즉, 범죄자가 아니니 격리되지 않고, 멀쩡히 거리를 돌아다닙니다. 그러니 누구든 나르시시스트의 덫에 빠질 확률이 높아지는 것이지요. 최근 심리학계에서는 나르시시스트에 관한 연구가 굉장히 활발히 진행되고 있습니다. 그만큼 나르시시스트로 인해 무기력해지거나 피해를 입은 사람이 많다는 반증이겠지요.

주변에 나르시시스트가 있을 때 꼭 피해야 하는 이유가 있습니다. 자존감이 높은 사람은 동료들과 협동해서 좋은 결과를 냈을 때 '내 주변에 좋은 사람들이 많아서 이번에도 잘 해냈다'고 생각합니다. 반면에 비교에 민감하고 나 혼자 뛰어나야 하는 나르시시스트는 '주변에 후진 사람들밖에 없는데, 나 혼자 잘해서 이렇게 된 거야'라고 생각합니다.

나르시시스트가 성취감을 느끼려면 다음의 두 가지 조건이 모두 충족되어야 합니다. 첫째, 내가 잘했어야 합니다. 그리고 둘째, 남들이 못했어야 합니다. 그래서 이들은 주변 사람의 성취를 자신의 지위나 위치에 대한 위협이라 여깁니다. 물론 우리도 사촌이 땅을 사면 배가 아픕니다. 하지만 이들은 그것을 넘어 사촌이 땅을 잃어야 쾌감을 느낍니다. 그러니 얼마나 공격적으로 살겠습니까. 저 사람이 가지면 내 것을 빼앗기는 셈이 되니, 상대의 행운까지도 막아야 직성이 풀립니다.

나르시시스트는 자신의 감정은 있지만 타인의 감정은 잘 모릅니다. 그래서 누군가 자기감정을 호소해도 절대로 이해하지 못합니다. 그래서 나르시시스트와는 싸움을 해 봤자 말이 통하지 않는다고 느낄 겁니다. 이들은 오로지 자기감정만 중요하기 때문에 자신과 대립하는 모든 사람을 나쁘다고 여깁니다. 그리고 그 사람을 나쁜 사람으로 만들기 위해 정말로 부지런하게 주변 여론을 선동합니다.

또한 이들은 기본적으로 거짓된 내면 세계를 가지고 있습니다. 부끄러움, 수치심, 슬픔 등은 사람이 살면서 당연히 느껴야 하는 감정입니다. 그런데 나르시시스트들은 온 힘을 다해 이러한 감정을 느끼지 않으려고 합니다.

그래서 다른 사람들이 창피해하거나 부끄러워하는 상황에서 이들은 극단적인 모습을 보입니다. 부끄러워하기는커녕 되레 화를 냅니다. 나르시시스트들에게는 "죄송합니다." "이런 일이 생겨서 송구합니다." 같은 말들이 패배자의 변명이나 자백으로 보이니까요.

나르시시스트의 특징

- 자신의 중요성을 과장해서 지각한다.
- 남들로부터 언제나 칭찬과 찬사를 받고자 한다.
- 자기 검증을 하지 않는다.
- 자신이 돋보이기 위해 주변 사람을 들러리로 세운다.

- 자신의 문제는 특별해서 특별히 높은 지위의 사람(기관)만 관련
  해야 한다고 생각한다.
- 누군가 자기를 비난하거나 싫어하면 자신을 질투해서 그런다
  고 생각한다.
- 자신의 목적을 달성하기 위해 타인을 이용한다.
- 자신과 대립하는 모든 사람을 나쁜 사람으로 만든다.

나르시시스트가 가장 좋아하는 먹잇감

내 주변에 이러한 나르시시스트가 있다면, 어떻게 구별
할 수 있을까요? 상대가 자꾸 나를 들러리 세운다는 느낌이 든
다면 일단 의심해 봐야 합니다.

내가 잘 알고 있는 모임에 친구를 데려갔을 때 여러분은 어
떻게 하나요? 나는 익숙하지만 친구에게는 낯선 자리이니 사
람들에게 소개도 해 주고 친구 쪽으로 한마디라도 말이 더 가
도록 배려하겠지요? 하지만 나르시시스트는 가만히 있습니다.
같이 온 친구를 꿔다 놓은 보릿자루로 만들고 그 상황을 즐깁
니다. 그래야 본인이 돋보일 테니까요.

여기까지만 하면 멍청하고 수가 높지 않은 나르시시스트입

친구의 주변 사람을
소개받는 자리에 나감

나르시시스트 의심

곤란한 질문으로
난처하게 만듦

니다. 더 교묘한 나르시시스트는 데려온 친구를 사람들에게 소개하고 대화도 함께합니다. 하지만 그 친구가 대답을 잘 못하거나 당황해할 만한 질문이 친구에게 가도록 유도합니다. 그렇게 친구를 멍청한 들러리로 만듦으로써 자신을 돋보이게 하는 것입니다.

물론 특별한 목적이 있어서 누군가에게 잘 보여야 되는 상황일 수도 있습니다. 하지만 이러한 이해관계가 없음에도 양해도 구하지 않고 그 자리에서 여러분을 들러리로 만드는 일이 반복된다면 그 사람은 나르시시스트일 확률이 굉장히 높습니다.

《파괴적 나르시시즘의 유형The Destructive Narcissistic Pattern》의 저자이자 미국의 유명한 나르시시즘 전문가인 니나 브라운Nina Brown은 "나르시시스트가 만들어 내는 정서 전이에 특히나 더 취약한 사람이 있다"고 말합니다. 나르시시스트의 부정적인 감

○ 웬만해선 알 수 없는
타인의 마음에 대하여

정에 쉽게 영향을 받는 사람은 다른 사람의 감정을 무시하지 못하며, 비언어적 감정 표현을 읽고 소통하는 데 능한 사람입니다. 달리 표현하면, 공감 능력이 높은 사람이라고 할 수 있습니다.

공감 능력이 높은 사람은 나르시시스트의 감정까지도 잘 파악합니다. 그렇기 때문에 그들에게 쉽게 휘둘릴 수 있습니다. 본인이 나르시시스트가 아니더라도 주변에 있는 나르시시스트의 사상에 물들어 잘못된 가치관을 가질 확률이 높다는 말입니다.

피할 수 있다면 피하는 것이 좋겠지만, 나르시시스트가 업무 관계로 얽힌 사람이라면 어떻게 해야 할까요? 그럴 때는 그 사람과 대립하는 혹은 완전히 반대되는 생각을 가진 전혀 다른 유형의 사람을 만나 볼 필요가 있습니다. 반대되는 의견을 들어 봄으로써 일종의 심리적 물 타기를 하는 것이지요.

그렇게 해야만 그 사람의 그릇된 생각이나 욕망에 공감해 물드는 것을 막을 수 있습니다. 다양한 사람과 만나는 것이 중요한 이유도 여기에 있습니다. 가치관이 다른 다양한 사람을 만나야 특정 성향의 사람에게 피해를 입을 가능성을 줄일 수 있습니다.

부모의 잘못된 칭찬이 나르시시스트를 만든다

나르시시스트적인 성격이 형성되는 가장 큰 요인은 무엇일까요? 바로 부모입니다. 나르시시스트는 부모의 잘못된 양육 방식의 결과입니다. 아직 나르시시스트가 되는 데 유전적 요인이 있다는 연구 결과는 없습니다. 네덜란드 암스테르담 대학교의 에디 브루멜만Eddie Brummelman 교수는 부모의 지나친 칭찬이 아이를 나르시시즘에 빠트린다는 연구로 학계의 주목을 받았습니다. 작은 일을 했는데 과하게 칭찬하면 안 된다는 것이 그의 주장입니다.

그 나이에 당연히 해야 하는 일을 했는데 "잘했다"고 칭찬하면 과한 칭찬이 됩니다. 일반적으로 받는 칭찬의 크기가 10이라면, 나르시시스트들은 100의 칭찬이 필요합니다. 100 정도

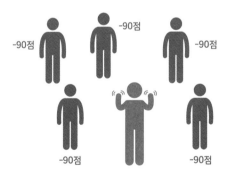

○ 웬만해선 알 수 없는
타인의 마음에 대하여

의 칭찬은 받아야 칭찬이라고 느끼기 때문에, 자신을 100으로 만들기 위해 주변 사람들 −90의 상태로 만들어 버립니다.

우리 아이를 나르시시스트로 키우지 않으려면 적절한 칭찬을 적당한 양만큼 해 줘야 합니다. 그리고 비교가 들어간 칭찬은 삼가야 합니다. "네가 좋은 점수를 받아서 엄마가 행복하구나"는 좋은 칭찬입니다. 하지만 "네가 ○○보다 높은 점수를 받아서 엄마가 행복하구나"는 나쁜 칭찬에 해당합니다.

어린 시절, 특정인을 정해 놓고 그 아이보다 등수가 높게 나와야 칭찬을 받는 친구가 있었습니다. 정말 그 친구는 나중에 아주 지독한 나르시시스트가 되었습니다. 그 친구가 주위 친구들에게 가장 많이 했던 말이 "멍청한 놈"이었습니다. 심지어 그 말을 할 만한 상황이 줄어드니 괴로워했습니다. 그러더니 자기보다 못한 사람만 만나고, "멍청한 놈"이라고 부를 수 있는 친구들만 곁에 두기 시작했습니다. 배울 점이 있는 친구를 끌어내리는 사람으로 변하게 된 것입니다.

아이를 나르시시스트로 만들지 않기 위해 해야 하는 또 한 가지가 있습니다. 자녀에게 부끄러움, 수치심, 슬픔과 같은 부정적인 감정들을 제대로 느끼고 또 표현할 수 있도록 해 줘야 합니다. 나르시시스트들은 이런 감정을 느낄 때마다 부모가 "약한 녀석" "모자란 놈"이라고 질책하면서 죄책감을 느끼게 했을 가능성이 높습니다. 이렇듯 그릇된 칭찬과 못난 놈이라는 비아냥이 섞여 만들어지는 게 나르시시스트입니다.

　나르시시스트는 타고난 것이 아니므로 변화의 가능성이 있습니다. 하지만 늦게 발견할수록 고치는 데 그만큼 몇 배의 노력과 시간이 필요합니다. 그러니 어릴 때 이러한 성향을 보인다면 부모가 빨리 바로잡아 줘야 합니다.

　그리고 본인이 나르시시스트라고 생각된다면, 지금이라도 다른 사람과의 비교를 멈추고 온전히 자신에게 집중하라고 말씀드리고 싶습니다. 우리가 사는 세상은 남이 가져가는 만큼 내가 못 가지는 '제로섬 게임zero-sum game'이 아니니까요. 잘 찾아보면 서로 윈-윈win-win 할 수 있는 것들이 훨씬 더 많을 것입니다.

공감 능력이 없으면
소시오패스일까

#공감제로
#흰곰효과
#성격장애

수다만큼 스트레스 푸는 데 좋은 것이 없지요? 그런데 모든 수다가 즐거운 것은 아닙니다. 이야기를 하면 할수록 묘하게 말이 안 통하는 것 같고, 내 말에 반응은 해 주는데 공감은 전혀 안 하는 것 같은 사람이 있습니다. 가까운 사이니 당연히 이건 기억할 거라고 생각했는데, 조금도 기억하지 못합니다. 어떤 때는 가벼운 마음으로 대화를 시작했는데, 어느 순간 나의 기운을 쫙 빼놓기도 합니다. 그러면서도 자기를 빼놓고 이야기하는 것은 정말 싫어합니다. 내 얘기는 듣지도 않고 주 야장천 자기 얘기만 할 거면서 왜 대화에는 자꾸 끼려고 하는 걸까요?

▌그가 내 말에 공감해 주지 않는 이유

사실 그 사람은 공감을 안 하는 것이 아니라 못 하는 것 일 수 있습니다. 다른 사람의 말을 듣고, 대답하고, 공감해 주 는 것은 결코 쉬운 일이 아닙니다. 오히려 인간이기 때문에 상 대방에게 공감하기가 힘듭니다.

인간은 본질적으로 다른 동물에 비해 무척 사회적인 동물입 니다. 하지만 이렇게 커다란 사회에서 살아가도록 진화하지는 못했어요. 우리는 지금 엄청나게 복잡한 사회에서 살고 있습니 다. 인류의 역사 수십만 년 중에 이렇게 복잡하고 큰 사회에서 살아간 지 얼마나 됐을까요? 전체 역사로 치면 0.1퍼센트도 되 지 않을 겁니다.

과거에는 만나는 사람이 제한적이었을 뿐 아니라 출신과 성 장 배경을 어느 정도는 알고 만났습니다. 하지만 지금은 다양 한 사람을 만날 뿐 아니라 어떠한 정보 없이 만나는 경우가 훨

○ 웬만해선 알 수 없는
타인의 마음에 대하여

씬 많습니다. 그러니 어떻게 쉽게 공감할 수 있겠어요? 공감도 알아야 할 수 있습니다. 즉, 누군가의 말에 공감하기 위해서는 상대에 대한 다양한 정보가 필요합니다. 그 사람과 오랜 시간 알고 지냈다는 것이 전제되어야 그 정보들을 활용할 수 있습니다.

과거
제한적 만남
출신·성장 배경 파악 가능

현재
다양한 만남
사전 정보 없음

전 세계 모든 남편이 아는 사실이 있습니다. 아무리 숨기려해도 집에 들어가면 거짓말한 게 다 들통난다는 것입니다. 무언가 숨기고 싶은 게 있다는 것을 어떻게 아내들은 그렇게 빨리 알아내는 걸까요? 함께 살아오는 동안 남편이 긴장하거나 불안할 때 어떤 반응을 보이는지, 어떤 때 나를 속이는지 파악했기 때문입니다.

만약 나에 대한 정보가 별로 없거나 많이 활용되기 어려운 상황임에도 누군가와 대화하면서 공감받고 있다고 느낀다면, 그건 그 사람이 나에게 호감이 있다는 것을 뜻합니다. 그렇다면 공감을 못 하는 사람에게 '이 사람은 왜 이렇게 내 감정에 공감을 못 하지?'라고 불평하며 마음을 쓰기보다는 나의 이야기에 귀 기울여 주는 사람에게 '그 어려운 공감을 해 주는 이 사람을 정말 소중하게 여겨야겠다'라고 생각해야 하지 않을까요? 그런데 진짜 공감은 못 하면서 공감해 주는 척하는 거라면 어떡하느냐고요? 그 역시 나에게 어느 정도 호감이 있기에 가능한 일입니다.

반대로 오래 같이 이야기를 했는데도 나에게 전혀 공감을 하지 않는다면, 그 사람은 나에게 호감이 없거나 나와 친해지고 싶지 않은 것입니다. 그렇다고 해도 그 사람을 미워할 필요는 없습니다. 내가 모든 사람을 좋아할 수 없듯, 모든 사람이 나를 좋아할 수는 없으니까요. 나와는 인연이 아니라고 생각하고, 그 사람과 적당히 거리를 두고 지내면 됩니다.

누구에게도 공감 못 하는 그 사람, 소시오패스일까

여기서도 한 가지 예외가 있습니다. 여기에 해당하는 사람은 적당히 거리를 두는 정도가 아니라 아예 멀리해야 합니다. 누구에게도 공감을 못 하고 조금도 공감하려고 하지 않는 사람. 이런 성향을 가장 많이 그리고 강하게 보이는 사람들이 바로 소시오패스이기 때문입니다.

소시오패스가 이런 성향을 보이는 가장 큰 이유는 시간을 아까워하기 때문입니다. 사실 소시오패스의 모든 행동은 시간을 보는 관점으로 설명이 가능합니다. 소시오패스는 자기 외의 사람들에게 시간을 쓰는 것을 극단적으로 싫어합니다. '공감하는 시간이 아까워서'라고 생각할 수도 있겠지만, 아닙니다. 그들은 그냥 시간이 아까운 것입니다. 시간이 아깝기 때문에 공감도 하기 싫고, 무언가를 공유하기도 싫어합니다. 배려의 말을 할 시간도 없지요.

그들이 공감하지 못하는 것은 상대방에게 질문하고 대답할 시간을 안 주기 때문입니다. 그걸 듣는 시간도 아까우니까요. 그리고 자기 얘기만 합니다. 자기 위주로 얘기할 뿐 아니라 심지어 자기 자신이 제일 힘든 사람이라고 생각합니다.

그러면서 왜 대화에는 꼭 참여하는 걸까요? 자신이 남들과 다르다는 것을 숨기기 위해서입니다. 사회생활을 잘하는 소시오패스적 성향의 사람들은 권력의 향배에도 관심이 많습니다. 그리고 자신이 소수자가 되는 상황을 굉장히 피하고 싶어 합니다.

바로 이 점이 사이코패스와 소시오패스의 중요한 차이입니다. 사이코패스는 선천적인 이유로 발생하지만, 소시오패스는 상당 부분 자라 온 가정 환경이나 사회적 환경에 의해 만들어집니다. 사이코패스는 충동적이고 즉흥적이며, 두려움을 느끼지 못하는 기질을 가지고 태어납니다. 그래서 상당히 티가 납니다. 반면, 소시오패스는 남들과 다르지 않은 정상적인 기질을 가지고 태어나지만 유년기 시절의 사회·환경적 결핍 요인에 의해 성격 장애를 가지게 됩니다. 그래서 숨기고, 숨는 것이 가능합니다. 바로 이 점이 소시오패스가 더 무서운 이유입니다.

정상적 기질로 태어남　　　성장기에 후천적 요인으로
　　　　　　　　　　　　　성격 장애 발생함

소시오패스의 특징

그렇다고 대화에 공감하지 못하는 사람을 모두 소시오패스라고 단정 지을 수는 없습니다. 이럴 때 그 사람이 소시오패스인지 혹은 그에 준하는 소시오패스적 특징이 있는 사람인지 알아볼 수 있는 방법이 있습니다. 바로 엠티나 워크숍입니다. 시간을 아까워하지 않아도 되는, 모두가 똑같이 시간 자원을 부여받는 곳으로 떠나는 거지요.

예를 들면, 오전 10시에 모여서 장을 보고 같이 출발하기로 했는데, 정당한 사유 없이 무조건 후발대로 오겠다고 하는 사람이 있을 겁니다. 심지어 그런 사람은 늦게 오고도 먼저 와서 준비한 사람들에게 미안해하지 않습니다. 그러면서 "쟤네들은 참 할 일도 없지? 뭐 하러 맨 먼저 와서 저런 걸 하고 있어"라고 말합니다.

도착해서 같이 시간을 보낼 때도, 타인의 이야기에는 공감하지 못한 채 자기 얘기만 합니다. 이런 사람은 소시오패스적 성향이 짙은, 위험한 사람이라고 할 수 있습니다.

▎내 주변의 소시오패스와 거리 두는 법

소시오패스적 성향이 짙은 사람들과 더 이상 엮이고 싶지 않다면, 제일 먼저 해야 할 일이 있습니다. 전화번호부에서 그 사람을 삭제하는 것입니다. 전화번호를 지우는 것이 왜 중요할까요?

우리의 뇌는 미워하고 두려울수록 그것을 기억합니다. 그와 함께한 대화나 시간들이 나를 옥죄고 있는 경우가 많지요. 그래서 내 휴대전화에 그의 번호가 뜨는 순간 바로 위축되는 경험을 하게 됩니다. 그런데 그 사람에게 전화가 왔을 때 저장이 안 되어 있다면, 상대는 그 사실을 알고 큰 타격을 받을 것이고, 나 역시 훨씬 당당해질 수 있습니다. 나에게 의미 있는 사람이 아니라는 걸 보여 준 셈이니까요. 재미있는 사실은, 소시오패스는 자기의 이름을 저장하지 않은 상대방을 보고 '내 마음대로 이용하기 쉽지 않겠다'고 생각한다는 점입니다.

두 번째로 중요한 것은 그 사람과 무관한, 다른 사람들과 행복한 일이 나에게 많아야 됩니다. 기억하지 않으려 노력할수록 자꾸 기억하게 됩니다. "흰곰을 절대 생각하지 마"라고 말한 순간부터 밥 먹을 때도, 샤워할 때도, 버스 탈 때도, 심지어 잠자리에서도 흰곰이 생각나는 것처럼요. 이것이 바로 유명한 '흰곰 효과'입니다. 이는 프레임이 활성화될수록 오히려 기억되는 '사고 억제의 역설적 효과'를 보여 줍니다.

그러니 이럴 때는 다른 일을 해야 합니다. 행복한 다른 일이 많아야만 다른 일로 그 안 좋은 기억을 덮을 수 있습니다. 그래서 연락처가 휴대전화에 남아 있으면 안 된다는 것입니다. SNS에 생일 알림이 뜨거나 바뀐 프로필 사진이 자꾸 눈에 들어올 테니까요. 그러면 그것이 무효가 됩니다. 아예 전화번호를 지우고 SNS에서도 삭제해야 그런 일이 일어나지 않습니다. 연락처를 지우고 다른 사람과 즐거운 경험을 많이 하십시오. 그래야 나에 대한 그 사람의 영향력이 사라집니다.

마지막으로 중요한 한 가지! 그 사람 욕도 하지 마십시오. '그 인간 정말 나쁜 인간이니까 절대 기억하지 말아야지.' 다짐할수록 더 기억나는 것처럼 욕도 마찬가지입니다. 내 말의 노예가 되지 않으려면, 욕을 할 게 아니라 다른 좋은 일을 해야 합니다. 그 사람을 내 인생에서 무의미하게 만들어야 하니까요. 기억나지 않고, 말할 필요가 없는 대상만큼 무의미한 존재가 있을까요? 그렇게 해야 주변의 소시오패스와 완벽한 관계 끊기가 가능해집니다.

소시오패스를 만날까 봐 두려운가요? 소시오패스는 대부분의 문화권에서 백 명에 네 명꼴로 존재한다고 합니다. 살면서 만날 수밖에 없지요. 하지만 너무 걱정할 필요는 없습니다. 가까운 사람 중에 많다고 말씀드리긴 했지만, 악인은 악인끼리, 우울한 사람은 우울한 사람끼리, 밝은 사람은 밝은 사람끼리 모이는 법이니까요. 성격의 상대성은 있겠지만 세계관과 가치관이 비슷한 사람들끼리 친해질 수밖에 없습니다. 그래서 '공감하지 않는다'는 말을 뒤집으면 '어느 선 이상으로 친해지기 어렵다'는 말이 되는 것입니다.

　유유상종은 현대 심리학에서 당연하고도 강력하게 관찰되고 있는 현상입니다. 나와 당신 그리고 우리가 착하고 선한 사람이라면 점점 더 그런 사람들끼리 모일 것이고, 소시오패스와 친하게 지낼 가능성은 점점 낮아질 것입니다. 그러니 내 주변에 있을지 모를 소시오패스에 대해 두려워하기보다는 내 주변에 괜찮은 사람들이 모일 수 있도록 스스로 좋은 사람이 되는 일에 더 신경 쓰기 바랍니다.

웬만해선 알 수 없는
타인의 마음에 대하여

익명의 살인자,
악플러에게만 있는 것

#사이버민낯
#트롤리딜레마
#자기모순성
#폭력적쾌감

예전에는 악플이라고 하면 유명인들만의 문제라고 생각했습니다. 그런데 최근 블로그나 SNS, 유튜브 영상 등을 통해 일반인이 자신을 드러내는 경우가 많아지다 보니 악플에 노출되는 사람의 범위 역시 점점 더 넓어지고 있습니다. 악플러들은 가벼운 외모 비하나 상황 비하부터 차마 입에 담을 수 없는 욕설, 저주에 가까운 말들을 마구 퍼붓습니다. 심한 경우에는 사진이나 영상 속 당사자가 아닌 가족과 같은 주변인들에까지 그 화살을 돌리기도 합니다.

사이버 폭력 경험 관련 통계는 해가 갈수록 그 수가 엄청나게 늘어나고 있고, 더 이상 방관할 수 없는 상황에 이르렀습니다. 특별한 원한이 있는 것도 아니고, 일면식도 없는 사람이 도대체 왜 그런 글을 쓰는 걸까요?

대체 악플은 왜 다는 걸까

악플러의 심리를 보여 줄 실험 하나를 소개해 드리겠습니다. 설명을 듣고 여러분도 한 가지를 선택해 보세요.

① 기차가 달려오는 선로에 다섯 명이 있고, 옆 선로에는 한 명이 있다. 스위치를 눌러 선로를 바꾸면 한 명을 희생해서 다섯 명을 구할 수 있다.

② 기차가 달려오는 선로에 다섯 명이 있고, 그 사람들 앞에 한 명이 있다. 앞에 선 사람을 선로로 밀어서 기차를 세우면 다섯 명을 살릴 수 있다.

두 경우 모두 한 명의 희생으로 다섯 명을 구하는 방법이지만, 대부분 각각에 대한 반응이 다릅니다. 이것이 바로 유명한 트롤리 딜레마trolley dilemma와 트롤리 딜레마를 응용해서 확장한 상황입니다.

①과 같이 선로를 바꾸는 것은 그래도 꽤 많은 사람이 선택합니다. 악인이 아니어도 얼마든지 할 수 있는 일이기 때문입니다. 하지만 직접 사람을 밀어야 하는 ②와 같은 상황은 선뜻 한다고 선택하기가 어렵습니다. 내 손에 피가 묻기 때문입니다.

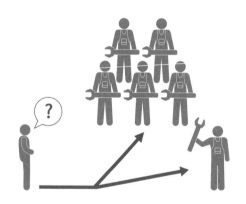

트롤리 딜레마
사람들에게 브레이크가 고장 난 트롤리 상황을 제시하고 '다수'를
구하기 위해 '소수'를 희생할 수 있는지를 판단하게 하는 문제 상황

악플도 마찬가지입니다. 앞에서 직접 말로 공격하는 악보이스는 하기가 쉽지 않습니다. 내 입이 더러워지니까요. 반면에 악플은 키보드라는 매개체가 있기 때문에 괜찮다고 생각하기 쉽습니다. 다시 말해, 사람을 미는 걸 주저 없이 선택하는 소시오패스 같은 악인은 아니지만 내 손에 피가 직접 묻지 않을 땐 못된 짓을 해도 괜찮다고 생각하는 사람이 바로 악플러인 것입니다. 그러니 못난 사람이라고 부르는 것이 맞겠지요?

여기서 중요한 사실은, 선로를 바꾸는 것처럼 우리 모두는 악플을 달 수 있는 성향을 가지고 있다는 것입니다. 그런데 그걸 막아 주는 마음도 있습니다. 바로, 연민 혹은 공감입니다. 악플러들은 이러한 연민과 공감하는 능력이 떨어진다고 할 수 있습니다.

최근 미국 브리검 영 대학교 경영대학 연구진은 악플러들의 성격에 공통적인 특징들이 있다는 걸 발견했습니다. 그것은 바로 어둠의 3요소, 나르시시즘이나 마키아벨리즘 또는 사이코패스적 성향이 다른 사람의 불행이나 고통에서 기쁨을 찾는 성향인 샤덴프로이데schadenfreude와 공통적으로 결합되어 있다는 것입니다. 즉, 남의 불행과 아픔에서 소소한 쾌감이나 위안을 얻기 위해 악플을 단다는 것입니다.

한편 악플러들이 단 댓글을 보다 보면 매번 나이와 직업을 바뀌 말한다는 것을 알게 됩니다. 가짜 정보를 써 가면서까지 누군가를 욕하고, 서로 싸움을 붙여 욕하게 만드는 이 심리는 대체 뭘까요?

악플러는 이간질을 좋아하는 성향을 가지고 있습니다. 내 앞에서 사람들끼리 싸움이 나면 자연스럽게 내가 심판 역할을 맡게 됩니다. 이들은 이로 인해 생기는 존재감이나 심리적 권력감에서 위안을 받습니다.

의외로 착한 얼굴을 한 사람 중에도 이런 사람들이 정말 많습니다. 자신이 능력자가 아님을 아는 사람이 인터넷 익명 공간에서 약자로서 교묘하게 권력 지향적인 자세를 취하는 것입니다. 그리고 그 이면에는 콤플렉스가 자리하고 있을 가능성이 큽니다.

악플러의 자기 모순성

악플로 타인에게 상처를 주는 사람일수록 자아 존중감이 낮고 열등감이나 콤플렉스가 많다. 악플러들은 자신이 올린 글 한 줄에 다른 사람이 동요하는 모습을 보며 자기 효능감(self-efficacy)을 느끼고, 사람들끼리 싸움을 붙인 후 심판자를 자처하며 심리적 권력감을 누린다.

악플은 때리는 것과 똑같은 폭력이다

악플러들의 가장 큰 문제는 타인에게 직접 폭력을 저지르지 않기 때문에 자기는 죄가 없다고 생각한다는 겁니다. 하지만 악플은 직접 당하는 당사자들에게 칼로 찌르거나 때리는 것과 같은 피해를 입힙니다. 적어도 뇌에서 일어나는 반응은 같습니다.

악플 피해자들의 뇌의 반응을 살펴보면, 칼에 찔리거나 둔기에 얻어맞았을 때와 똑같은 고통의 경험이 관찰됩니다. 즉, 상해를 입거나 더 나아가 살인 피해와 다르지 않다는 것입니다. 누군가 둔기를 가지고, 심지어 고의적으로 어떤 사람에게 위해를 가했고, 피해자는 피를 흘리며 죽었습니다. 뇌에서 일어나는 결과만 놓고 보면 악플러는 이 가해자와 형량이 같아야 합니다.

더 심각한 것은 악플의 대상이 된 당사자뿐 아니라 그 악플을 보는 불특정 다수가 모두 피해자가 될 수 있다는 점입니다. 나에 대한 욕이 아니더라도 다른 사람들이 악플에 시달리는 양상을 보는 것만으로 심리적 피해를 입을 수 있기 때문입니다.

심리학에 유명한 말이 있습니다. "지옥에 있는 사람보다 지옥에 있는 그 사람을 보는 타인이 더 괴롭다." 내가 악플에 시

○ 웬만해선 알 수 없는
타인의 마음에 대하여

달리는 사람이 아니라 해도, 누군가에게 달리는 악플을 지속적으로 보면 불쾌감을 넘어 고통을 느낍니다. 왜 그러느냐고요? 이는 여러분이 정상적인 인간이라는 반증입니다. 정상적인 사람에 대한 연구를 보면, 직접 고통을 당하는 것뿐 아니라 고통받는 사람을 지켜보는 것도 굉장한 어려움과 고통을 주는 일이라고 합니다.

2차 세계대전 시기 히틀러가 런던에 무차별적인 폭격을 가했을 때, 폭격을 당했던 사람들 못지않게 괴로워했던 사람들이 있습니다. 바로 폭격을 당한 곳의 옆 동네에 살던 사람들이었습니다. 신체적 피해는 없었지만, 이들은 더 큰 트라우마에 시달렸다고 합니다. 공감과 연민 때문입니다. 그러므로 공감과 연민을 느끼는 보편적인 인간은 악플로 타인이 고통받는 것을 보면서 괴로울 수밖에 없습니다.

저도 악플에 대한 논문을 쓴 적이 있습니다. 정상적인 비판이 아닌 악플은 두 가지 형태로 나뉩니다. 보통 명사이고 짧습니다. 단정적이라는 것이지요. 반면, 내용이 긴 것도 있습니다. 장황하게 자기 이야기를 하면서 진실에는 전혀 신경을 쓰지 않습니다. 거듭 말하지만 '남의 악플을 보기만 해도 너무 괴로워요. 저는 왜 그럴까요'라고 생각한다면 그건 여러분이 정상이기 때문입니다.

'멀쩡한' 악플러는 없다

악플러를 잡고 보니 의외로 멀쩡한 사람이라서 놀랐다는 이야기를 많이 듣게 됩니다. 그런데 저는 이건 정말 잘못된 표현이라고 생각합니다.

'멀쩡하다'는 판단의 기준이 뭘까요? 그 사람의 직업과 범죄 경력의 유무일 겁니다. 그런데 자기 뇌에서 오는 쾌감 때문에 악플을 다는 사람한테 멀쩡하다는 말이 성립될 수 있을까요? 그러니 이런 표현은 결코 쓰면 안 됩니다. '멀쩡하다'는 말에는 '그 사람이 원래는 이상한 사람이 아니었다'는 전제가 깔려 있습니다. 악플을 범죄라고 생각한다면 '멀쩡하다'고 절대 표현할 수 없겠지요.

악플러는 뇌과학적으로 보면 사람을 해친 범죄자와 같습니다. 누군가를 해친 사람이라고 여기면 그 사람이 그렇게 한 이유부터 찾을 텐데, 범죄가 아니라고 생각하니 멀쩡하게 보이는 겁니다. 멀쩡해 보이는 사람이 살인을 저지르면 어떻게든 그 사람의 유년 시절이나 인간관계에 어떤 문제가 있었는지 찾으려 들면서, 왜 악플러는 그렇게 하지 않는 걸까요. '잡고 보니 멀쩡한 사람'이라는 표현을 쓴 적이 있다면 우리 모두 반성해야 합니다.

내 아이가 악플을 달고 있다면

악플 때문에 괴롭다고 하면, 사람들은 "찾아보지 마, 악플을 왜 보냐"라고 말합니다. 그런데 그게 그렇게 쉬운 일일까요? 게다가 쉽고 어렵고를 떠나 내게 달린 악플을 보지 않는 것 자체가 비정상인 반응 아닐까요?

모두가 그렇다고 단정할 수는 없겠지만, 정상적인 사람이라면 누군가 자기에 관해 이야기하고 있는데 거기에 귀를 기울이지 않을 수 없겠지요. 인간은 사회적인 존재이니까요. '사회적'이라는 건 내가 어떻게 남들에게 비치고 있는가에 관심이 있음을 뜻합니다. 그러니 나에게 달린 댓글을 보고 싶어 하는 건 사회적 능력을 가진 존재로서 당연히 가지고 있어야 하는 본능인지도 모릅니다.

이러한 악플러 중에는 어린 친구들도 적지 않다고 합니다. 만약 우리 아이가 악플을 달고 있는 걸 발견했다면, 그때 꼭 해야 하는 일을 몇 가지 알려 드리겠습니다. 우선 제가 쓴 논문 중 한 줄을 읽어 드릴게요.

"분석 결과, 악성 댓글은 감정 또는 정서적 과정 범죄에서 더 높은 비율이 관찰되었다."

이 말을 쉽게 설명하면, 악플을 쓰는 사람들은 감정적이지 않아야 할 때 감정적이라는 것입니다. 감정이 없으면 사이코패스, 감정은 느끼지만 연민이 없으면 소시오패스로 분류합니다. 반면, 작은 것에 감정이 크게 폭발하면 과잉 반응으로 봅니다.

모든 악플러가 그런 것은 아니지만, 상당수는 감정 조절을 못 합니다. 만약 지금 형광등이 나갔다면 형광등을 교체하면 됩니다. 그런데 여기에 감정적으로 반응하는 경우가 있습니다. "아, 짜증나. 왜 꺼지는 거야?" "왜 하필 이때 꺼지고 난리야!" 악플러들은 이렇듯 작은 일에도 지나치게 감정적으로 반응하는 가정 환경에서 자랐을 가능성이 높습니다.

악플의 또 다른 특징은 신체 상태에 관련된 단어가 굉장히 많다는 겁니다. 외모라든가 키, 심지어는 피부, 헤어스타일 등을 비하하는 발언이 굉장히 많습니다. 악플러 자신이 외적인 것에 대한 비하 발언을 많이 들으며 성장했을 수 있습니다. 그렇기 때문에 남에게도 그런 발언을 하는 것이지요.

대접받고 존중받으며 자란 어린이가 나중에 대접하고 존중할 줄 아는 어른이 됩니다. 그러니 내 자식이 악플을 달고 있다는 걸 발견했다면, 이렇게 얘기해 주어야 합니다. "미안해. 내가 널 많이 존중해 주지 않았구나. 너의 의견을 잘 듣지 않고, 너를 꾸짖고, 자존감을 떨어뜨렸구나. 오늘부터 우리 서로를 더 많이 존중해 주자"라고 말이지요.

웬만해선 알 수 없는
타인의 마음에 대하여

마지막으로 악플러들에게 한마디하고 싶습니다. 악플을 썼던 기록은 영원히 당신을 따라다닐 겁니다. 기술은 계속해서 발전하고 있고, 지금은 숨길 수 있더라도 다음 시대가 되면 결코 숨길 수가 없게 됩니다. 제가 20년 전에 썼던 논문들은 종이책 형태라 도서관에 가야만 볼 수 있었습니다. 하지만 전산화되면서 이제는 모든 사람이 쉽게 볼 수 있습니다. 과거에 완전범죄였으나 DNA 분석 기술이 발달함에 따라 40년 후 범인을 잡는 것처럼, 지금 익명이라 해도 10년이 지나면 익명이 아닐 가능성이 굉장히 높습니다. 그러니 얼굴과 이름을 공개하고 쓴다는 생각으로 댓글을 써야 합니다.

악플을 쓰는 이유 중 가장 큰 것은 '쾌감'입니다. 그런데 이 쾌감은 휘발성이 굉장히 강해서 점점 더 세고 강한 악플을 남겨야만 이전에 나의 뇌가 느꼈던 만큼의 쾌감을 느낄 수 있습니다. 폭력적 쾌감은 반드시 내성과 중독 현상을 동반합니다. 그래서 더 센 말을 해야 그전만큼 후련함을 느끼게 되고, 그러다 보면 언젠가 스스로도 감당할 수 없는 상황에 빠져 있기 마련입니다. 악플은 결국 미래의 나에게 들이대는 칼이라는 것을 명심했으면 합니다.

무기력한 사람에게
필요한 것

#몰입방해
#자기주도성
#번아웃

무슨 일을 할 때 같이 하자고 하기가 겁나는 사람 있지 않나요? 심지어 이 사람과는 뭐든 하고 싶지 않다는 생각마저 듭니다. 어디가 아픈 것도 아닌데 피곤해 보이고 늘 무기력해 보이지요. 뭘 하자고 하면 이 사람의 피로도를 더 높일 것 같고, 그래서 마땅히 해야 하는 요청을 하는 것인데도 괜히 미안해집니다.

사실 밤샘을 했거나 몸 상태가 나쁘면 하루이틀 혹은 한동안

웬만해선 알 수 없는
타인의 마음에 대하여

그럴 수 있습니다. 그런데 이 사람은 10년을 알아 왔는데, 또는 직장 동료인데 볼 때마다 늘 피곤해 보이고 뭘 해도 무기력해 보입니다. 사실 코로나19 시국을 거치면서 그런 무기력함을 경험한 분이 많을 겁니다. 늘 피곤한 것 같고 뭘 해도 무기력한 상태를 벗어날 수 없을 것 같은 이 마음은 대체 왜 생겨나는 걸까요?

우리는 언제, 왜 무기력해질까

사람은 언제 무기력해질까요? 기본적으로 내 예상과 결과가 완전히 다를 때 순간적으로 무기력하다고 느낍니다. 노력해도 잘 안 되고, 내 의지대로 움직이지 않을 때 사람은 무기력해집니다.

축구 경기에서 지면 공격수는 화를 내고 수비수는 무기력해진다는 이야기를 많이 합니다. 시합을 같이 뛰어도 공격수보다는 수비수가 심리적으로 더 지칩니다. 공격수는 공을 가지고 내 의지대로 움직이지만, 수비수는 상대의 공격 패턴이나 방향에 따라 움직입니다. 그러니 내 의지대로 움직이는 공격수에 비해 수비수가 무기력해질 가능성이 높은 것입니다.

어떤 사람이 무기력을 느낀다면, 짐작하건대 상황이 그의 예상대로 안 되는 경우가 많았을 겁니다. 예컨대 친구 사이라면, 그 친구의 이야기는 듣지 않고 다른 친구들끼리 무언가를 결정하거나 진행했을 경우 무기력해질 가능성이 큽니다.

그런데 무기력한 태도를 도구로 쓰는 사람도 있습니다. 자신의 생존 전략으로 신경질을 내거나 화내는 방법을 선택하는 것처럼, 무기력하거나 무기력하다고 표현했을 때 유리한 게 많았다는 점을 기억하고 그 방법을 선택하는 것입니다. 운동선수의 경우 지쳤다고 빨리 표시하면 감독이 선수 교체를 해 준다거나 직장에서 무기력을 호소하니 일을 줄여 주는 경우가 여기에 해당합니다.

때문에 무기력해 보인다는 이유만으로 누군가를 쉽게 해 주거나 어떤 일에서 빠지게 해 주는 것은 좋지 않은 결과를 만들어 낼 확률이 높습니다. 물론 한두 번 그런다면 충분히 쉽게 해 주고 일을 면제해 줄 수 있겠지요. 하지만 여기서 논의의 대상이 되는 것은 늘 무기력한 사람입니다. 지쳤다고 무기력함을 호소할 때는 정말 그 사람의 에너지가 바닥난 것인지, 아니면 에너지가 남아 있는데도 바닥났다고 하는 것인지 살펴봐야 합니다.

후자의 경우라면 그 사람이 주도성을 가지고 할 수 있는 일을 찾아서 부여해 줘야 합니다. 특히 내 친구 혹은 나의 오랜 동료가 자꾸 무기력한 모습을 보인다면 일을 줄여 주기보다는 그가 주도적으로 판단하고 결과를 만들 수 있는 다른 일을 맡기는 것이 가장 좋은 방법입니다.

에너지가 남아 있는데 무기력한 것인지, 정말 에너지가 바닥난 것인지 구분하기란 상당히 어렵습니다. 하지만 오래 그 사람을 지켜본 사람이라면 습관적인 차이를 분명히 알아볼 수 있을 것입니다.

무기력이 무서운 이유

무기력이 무서운 가장 큰 이유는 전혀 상관없는 일에 그 무기력이 전염될 수 있기 때문입니다. 회사 업무를 보다 인터넷에서 사진이나 글로 무기력한 사람의 모습을 접했다면, 전혀 다른 분야의 사람이라도 무기력이 전염될 수 있습니다. 그리고 이렇게 경험한 무기력은 이후 전혀 무관한 일을 하는 데도 영향을 끼칠 가능성이 큽니다.

바로 이 연결고리를 연구한 사람 중의 하나가 네덜란드 흐로닝언 대학교의 폰터스 린더Pontus Leander 교수입니다. 그는 우선

학생들에게 어려운 유추 문제를 풀게 했습니다. 그런데 이 문제를 풀기 전 짧은 시간에 A 그룹에게는 무관심한 표정을 한 사람의 사진을, B 그룹에게는 무언가를 열심히 하고 있는 사람의 사진을 보여 줬습니다.

평소 공부를 잘하던 학생들은 어떤 사진을 봤든 결과에 차이가 없었습니다. 하지만 학점이 낮은 학생들은 사전에 어떤 사진을 봤느냐에 따라 확연하게 점수 차이가 났습니다. 무관심한 모습이 담긴 사진을 봤을 때 훨씬 낮은 점수가 나왔고, 문제 풀이에 들인 시간도 훨씬 짧았습니다. 무성의하게 응했다는 것입니다.

A 그룹
무관심(무기력)한 모습의 사진
→ 안 할래! (거부 반응)

B 그룹
열심히 하는 모습의 사진
→ 집중할래!

그런데 추가 실험을 통해 더 중요한 사실이 발견됩니다. 이번에는 성적과 상관없이 문제를 풀고자 하는 동기가 얼마나 강한지를 조사한 뒤, 동기 부여가 많이 되어 있는 학생과 덜 되어 있는 학생, 두 그룹으로 나누어 같은 실험을 했습니다.

동기가 약한 학생들은 이번에도 어떤 사진을 봤느냐에 따라 많이 좌우되었습니다. 무관심한 표정의 사진을 보면 문제를 대충 풀었고, 열심히 하고 있는 사진을 보여 주면 더 집중해 문제를 풀었습니다. 반면, 강한 동기가 있다고 응답한 학생들은 반대 경향을 보였습니다. 이들은 무관심한 사진을 봤을 때 오히려 더 열심히 문제를 풀고, 더 많은 시간을 들여 궁리했습니다. 성적도 물론 더 높았고요.

타인의 무관심한 표정을 사진을 통해 아주 잠깐 보는 것도 이 정도의 차이를 유발하니, 실제 조직 내에서 동료나 주위 사람들의 무관심을 본다면 어떨까요? 게다가 어떤 조직이든 모

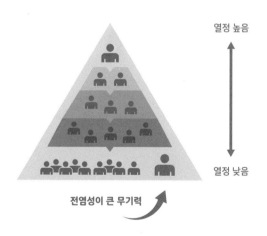

열정 높음

열정 낮음

전염성이 큰 무기력

두가 충만한 열정이나 동기를 가지고 있지는 않지요. 특히 이 무기력은 다른 사람에게 전염되어 일이나 공부에 대한 몰입을 사라지게 만듭니다. 사회 전반에 무기력이 퍼졌을 때 예상되는 최악의 상황도 바로 이 몰입이 사라진다는 것입니다.

그런데 우리가 살면서 적당히 하면 절대 안 되는 일들이 있습니다. 생명이나 안전에 관련된 것입니다. 그런데 사회 전반에 무기력이 퍼지면 사람들이 당연히 몰입해서 해야 될 일을 제대로 처리하지 않으니 대형 참사가 일어날 가능성도 커지는 것입니다.

무기력을 일으키는 또 다른 원인들

사람을 무기력하게 만드는 또 하나의 원인이 있습니다. 이른바 '공감 피로'라고 하는데, 타인에게 지나치게 감정적으로 개입함에 따라 감정 소모가 많아져 피로를 느끼는 것을 말합니다. SNS를 통해서 타인의 상황, 정서를 공유하거나 미디어에서 나오는 이슈들에 대해 공감하는 것은 우리를 피곤하게 만듭니다. 이러한 피로가 계속해서 쌓이고 바닥난 에너지가 다시 보충되지 않았을 때 우리는 무기력을 느낍니다.

웬만해선 알 수 없는
타인의 마음에 대하여

공감 피로는 수비수처럼 쫓아다니는 데서 오는 감정입니다. 내가 전적으로 그 감정에 동의해서가 아니라 '저 사람이 그런 감정을 느꼈으니, 나도 느껴서 공감해 줘야지'라고 상대에 맞춰 감정을 발산하는 것이지요.

SNS상에서 알고 지내는 수많은 사람의 감정에 일일이 '좋아요' '슬퍼요'를 누르면서 우리는 의외로 많은 에너지를 쓰고 있습니다. 이런 것이 계속해서 쌓이면 무기력해집니다. 무기력은 신체적 에너지가 아니라 정신적 에너지가 고갈되는 것이니까요. 이 공감 피로를 해결하는 유일한 방법은 나 혼자 있는 시간을 가지는 것입니다.

SNS에서 잘나가는 다른 사람을 보면 나와 상황이 너무 비교되어서 무기력해진다고 말하는 사람도 있습니다. 그것은 미처 준비가 안 된 상태로 갑작스러운 비교를 당했기 때문입니다. 보통 가까운 사람들보다는 연락을 자주 안 하고 SNS를 통해서만 소통하는 사람들 때문에 이런 무기력을 느낍니다.

그 사람이 멋진 곳으로 여행을 가고 고급 승용차를 사기까지의 과정을 알지 못한 채 결과만 보기 때문입니다. 준비 운동 없이 달리면 다리에 쥐가 나는 것처럼, 마음의 준비 없이 비교를 하면 마음에 쥐가 납니다. 그리고 사람들은 그 마음의 쥐를 무기력이라고 느낍니다.

의욕적으로 어떤 일에 몰두하던 사람이 극도의 에너지 고갈을 느끼면서 정신적. 육체적으로 피로를 호소하는 현상이 번아웃이라면, 무기력은 에너지가 있는데도 그걸 어디로 써야 할지 모르는 막막한, 즉 방향 잃은 감정을 가리킨다. 에너지는 분명히 있지만 그걸 어디에 어떻게 쓸지 생각 자체를 못 하고 방황하는 마음이 바로 무기력감이다.

주변 사람이 무기력해 보인다면

무기력을 주제로 강의를 하면 "주변 사람이 무기력해 보이는데 어떻게 하면 도와줄 수 있을까요?"라는 질문을 많이 받습니다. 그러면 저는 꼭 그 말부터 고치라는 말씀을 드립니다. 내가 무기력한 그 사람을 도와주는 게 아니라 무기력해 보이는 그 사람으로부터 내가 어떤 도움을 받을 수 있을지 생각하는 것이 훨씬 중요합니다.

가족이나 친구가 무기력해 보인다고 해서 그를 쉽게 해 주는 것은 결코 좋은 방법이 아닙니다. 오히려 그런 순간에는 아주 작은 일이라도 그가 온전히 장악하고 통제할 수 있는 것으로 그에게 도움을 청하는 것이 좋습니다. 무기력해지면 우리는 내 자신의 존재의 의미를 잃어버립니다. 존재의 의미를 되찾을 수 있는 가장 좋은 방법은 내가 누군가를 도울 수 있는 일을 찾는 것입니다.

학창 시절에 체구가 작은 친구가 있었습니다. 미처 몰랐지만 당시 그 친구는 무기력을 경험하고 있었다고 합니다. 어느 날 제 지갑이 교실의 좁은 틈으로 들어갔는데, 어떻게 해도 꺼낼 수가 없었습니다. 그래서 그 친구에게 "이것 좀 꺼내 줄 수 있어?"라고 부탁했고, 친구는 좁은 틈으로 손을 슥 집어넣어 지갑을 꺼내 주었습니다. 그때 제가 그 친구에게 웃으며 이렇게 말했다고 합니다.

"네가 오늘 나 살렸다. 이 지갑 못 꺼냈으면 약속 시간에 늦었을 텐데, 고마워."

무기력해진 자신의 모습에 실망하고 있던 순간에 저를 곤란한 상황에서 구했던 것이 계기가 되어 무기력에서 빠져나올 수 있었다고 친구는 그날의 일을 회상했습니다.

사실 저는 그때 일이 기억나지 않습니다. 그런데 그 친구는 30년이 흘렀는데도 그 일을 기억하고 의미 있는 순간이라고 여기고 있었습니다. 이처럼 사소한 일이 누군가를 무기력에서 빠져나오게 할 수도 있습니다.

무기력해 보이는 사람이 있다면 살짝살짝 자기 마음대로 할 수 있는 여지를 줘 보세요. 점심 메뉴를 선택하게 했는데 "아무거나"라는 답이 돌아온다면 감당하지 못할 정도의 많은 여지를 준 것입니다. "오늘 점심은 김치찌개 먹으러 갈까? A 김치찌개 집, B 김치찌개 집 어디가 좋아?" 이 정도면 그가 주도권을 가질 수 있도록 선택지가 좁혀진 것입니다.

무기력에 빠진 상대가 감당할 수 있는 결정의 크기 혹은 생각의 크기를 알아내서 그걸 같이 해 보면, 그는 조금씩 무기력감에서 벗어나 자기 주도성을 회복하는 과정을 밟아 갈 수 있을 겁니다.

주변 사람이 아니라 나 자신이 무기력에 빠져 있어서 고민인 분들도 있겠지요. 그럴 때는 주변으로 눈을 돌려서 봉사를 해 보라고 권하고 싶습니다. 나의 도움을 필요로 하는 누군가를 돕는 것이 스스로를 무기력에서 꺼낼 수 있는 가장 좋은 방법이니까요.

우리 인간은 '의미'와 '보람'이 있을 때 가장 의욕적으로 살 수 있다고 합니다. 그리고 우리는 뭔가 큰 업적을 쌓았을 때가 아니라 누군가로부터 "고마워"라는 말을 들을 때 의미와 보람을 느낍니다. 나의 작은 노력으로 누군가를 도울 수 있는 방법

을 찾다 보면 역설적으로 무기력의 늪에서 빠져나올 수 있을
것입니다.

자기 말만 모두 맞는다는
사람의 심리

#더닝크루거효과
#유사성향집단
#대화의마사지
#자기애

"거봐, 내 말이 맞지?" "내 얘기가 다 맞다니까." 이런 말을 습관처럼 입에 달고 다니는 사람들이 있습니다. 이들은 자기가 틀렸을 때도 절대 인정하지 않습니다. 급기야 "제대로 확인해 보면 내가 맞을걸?" 하며 계속해서 우깁니다. 심지어 잘 모르는 것도 다 안다고 우깁니다. 듣기만 해도 속이 답답하지만, 주변에 이런 사람이 꼭 한 명쯤은 있지요. 막무가내로 우겨 대서 나중에는 말도 섞기 싫어지는 이 사람들의 심리는 뭘까요?

자기 말만 맞는다고 우기는 사람의 심리

첫째, 아는 게 없는 사람일수록 자기 말이 맞는다고 더 우깁니다. 이는 많은 연구를 통해 입증된 사실이기도 합니다. 심리학 용어 가운데 인지 편향 중 하나로 '더닝 크루거 효과Dunning-Kruger effect'라는 것이 있습니다. 지식수준이 낮은 사람일수록 자신의 능력을 과대평가하는 현상을 가리키는 말입니다.

책을 아예 안 읽은 사람보다 책 한 권 읽고 아는 척하는 사람

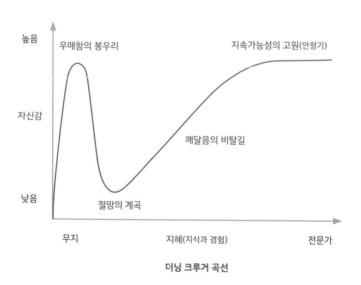

더닝 크루거 곡선

이 더 무섭다고 하지요? 책 한 권 읽고서 알게 된 그것만 믿기 때문입니다. 당신 주변의 그 사람이 계속해서 우기는 것도 아는 게 많지 않고 편협하기 때문일 수 있습니다.

둘째, 자기 자신과 비슷한 성향의 사람들만 만나는 사람이 우기는 경우가 더 많습니다. 자기 생각에 대한 확신이 너무 강해서 어떤 말을 해도 생각을 바꾸지 못하는 사람들의 특징이 바로 누군가를 설득하는 과정에서 자기랑 비슷한 사람만 설득한다는 것입니다.

스페인 마드리드 아우토노마 대학교의 심리학자인 파블로 브리뇰Pablo brinol은 실제 이를 주제로 연구를 진행했습니다. 이 연구에서는 두 가지 종류의 집단 중 하나를 설득하게 합니다. 첫 번째 집단은 어떤 주장에 대해서 나와 원래부터 같은 입장을 가진 사람들입니다. 이 집단을 '동일 주장 집단'이라고 합니다. 그리고 두 번째 집단은 나의 주장과는 무관한, 전혀 다른 측면(정치적 입장이나 장애인 정책 등)에서 비슷한 성향을 지니는 사람들입니다. 이 집단을 '유사 성향 집단'이라고 합니다.

재미있는 것은 설득 과정을 살펴봤더니, 동일 주장 집단과 유사 성향 집단 중 어느 집단을 설득했느냐에 따라 자기 확신의 증가 정도에 차이가 있더라는 겁니다. 결론부터 말하면 유사 성향 집단을 설득하는 일을 하고 난 뒤에 자기 확신이 훨씬

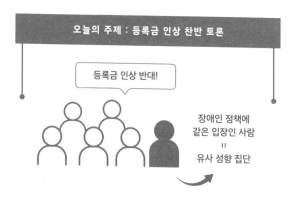

더 크게 증가합니다.

다시 말해, 유사 성향 집단이 내 의견에 동의하지 않는다는 건 거의 기억하지 않고, 사소하게라도 내 주장이나 설득에 동의했던 것만 기억하면서 나와 비슷한 사람들은 나와 같은 생각을 가질 거라는 자기 확신만 키워 간다는 것입니다. 결국 이 실험을 통해 알 수 있는 사실은 학연, 혈연, 지연 등의 유사성을 중시할수록 자기 생각을 잘 바꾸지 않는다는 것입니다.

지는 법을 모르는 그 사람, 같은 편이라는 걸 알려 주세요

자기 말만 맞는다고 우기는 사람들은 사실 지는 법을

모르기 때문에 우기는 것입니다. 이렇게 지는 법을 모르는 사람일수록 대화를 대화로 보지 않고 승부로 여길 가능성이 큽니다. 승부는 승자와 패자로 나뉘기 마련인데, 우기기 대왕들은 대화에서 밀리지 않고 '결국 내가 승자가 되어야 한다'는 강박이 강합니다.

따라서 이런 사람들과 원활하게 대화하려면 내가 대척점이 아니라 같은 편에 서 있다는, 같은 부류라는 생각을 심어 줄 필요가 있습니다. 이를 전문 용어로 '대화의 마사지'라고 합니다. 몸의 긴장을 풀기 위해 마사지를 하듯, 대화의 긴장도를 낮추어서 심리적으로 비슷한 효과를 보게 하는 것이지요.

그렇다면 어떻게 해야 우기는 사람에게 같은 편이라는 인식을 심어 줄 수 있을까요? "나는 당신과 같은 편입니다"라고 말한다고 해서 상대는 믿지 않습니다. 오히려 '이 시점에 왜 저런 말을 굳이 하는 거지?' 하고 의심받기 십상이겠지요. 그러니 무언의 시그널을 줘야 됩니다. "어? 우리 재킷이 되게 비슷하네요!" "와, 나도 이 캐릭터 좋아하는데!" 이렇게 사소한 것이라도 취향이 같다는 걸 어필하는 것이 더 좋은 시그널이 될 수 있습니다.

회사에서 무조건 우기는 사람이 동창회에 가서는 전혀 그런 모습을 보이지 않는 걸 본 적이 있습니다. 반대로 동창회에서

웬만해선 알 수 없는
타인의 마음에 대하여

만나면 자기 말만 맞는다고 우기는 녀석이 회사 동료들에게는 전혀 다른 평을 듣는 것도 보았고요.

그 사람이 어떤 모임 또는 조직에서만 우기는 경향이 강하다면, 그에게는 바로 그곳이 전쟁터일 수 있습니다. 모든 장면에서 매번 죽어라 우기는 사람은 의외로 많지 않습니다. 그렇다면 언제 우기냐고요? 어디에도 속할 수 없을 때입니다.

만약 누군가 당신한테 와서 계속 우긴다면, 그건 당신이 그를 지게 했을 가능성이 높습니다. 자신도 모르는 사이에 그를 패자로 만들고, 지는 대화라고 생각하도록 했기 때문에 그런 일이 자꾸 벌어지는 것이지요. 그러니 상대를 우기기 대왕에서 벗어나게 하고 싶다면, 그를 심리적인 승자로 만들어 줘야 합니다.

‖ 상대를 인정해 주면 우기는 경향이 줄어든다

고려대학교 심리학과 허태균 교수는 한국인의 행동 속에 숨겨진 심리를 재미있는 연구를 통해 알려 주는 것으로 유명합니다. 그에 따르면, 한국인의 '한턱' 문화도 외국인의 눈으로 보면 그 속에 숨은 의외의 본질을 발견할 수 있다고 합니다.

그래서 저도 한국 학생들을 가르친 지 2, 3년쯤 되는 외국인

교수에게 '한턱낸다'라는 말을 아느냐고 물어봤습니다. 그랬더니 "한국인들은 한턱내려고 사는 사람들 같다"고 하더라고요. 그러면서 처음에는 '오늘 밥값이든 술값이든 내가 다 낸다'라는 뜻으로만 생각했는데, 알고 보니 '오늘 내가 주인공이니까 아무도 내 주인공 자리를 빼앗지 말라'는 뜻을 담고 있더라는 말을 했습니다.

한턱내는 분들이 그 자리에서 어떤 행동을 보이는지를 유심히 살펴보면, 너그러워지는 걸 볼 수 있을 겁니다. 우기기 대왕이라 해도 주인공이 되면 그 판을 깨지 않기 위해 "그럴 수 있지." "맞아." 하며 자신과 다른 생각도 받아 줍니다. 꼭 한턱을 내게 해야 한다는 말이 아닙니다. 그 사람을 주인공으로 만들어 줄 필요가 있다는 겁니다. 그렇게 그 자리의 주인공, 심리적 승자로 만들어 주었는데도 계속 우긴다면, 그것은 그 사람한테 심각한 문제가 있을 가능성이 큽니다.

어떤 사람이 우기기 대왕이라면 또는 그 사람을 우기기 대왕이라고 낙인찍고 싶다면 그 전에 한 번쯤 스스로를 돌아보기 바랍니다. 속한 모임이나 조직, 대화에서 그 사람을 계속해서 패배자나 조연으로만 만들지 않았는지 말이지요. 우기는 사람으로 남지 않게 하려면 어느 정도 그 사람을 인정해 줘야 합니다. 한 부분에서 그 사람을 인정해 주면 무관한 다른 분야에서도 우기는 경향이 줄어들 겁니다.

핑장히 노련한 서비스직 종사자들이 우기는 고객을 어떻게 다루는지 아시나요? 먼저 "사장님(사모님)께서 옷이라면 정말 안목이 있으시잖아요"라고 그 사람이 가진 능력을 인정해 줍니다. 그러고 나서 자신이 하고 싶은 말을 합니다. 그러면 상대도 그가 하는 것을 조언이라고 받아들입니다.

우기기 대왕이 회사 부장님이라면 "부장님이 이 문제에 대해서 최고 권위자시잖아요." 하고 먼저 치고 들어가는 겁니다. 여기에는 당신이 최고 권위자이니 여러 의견을 존중하고 취합해야 한다는 속뜻이 깔려 있습니다. 이렇듯 그 사람의 다른 무언가를 인정해 줘야만 우기기를 그만두게 할 방법도 보일 것입니다.

열등감과 자기애

열등감은 다른 사람과 비교했을 때 자신이 뒤떨어졌다거나 능력이 없다고 느끼는 감정이다. 열등감에 빠진 사람은 자기 자신을 무능하고 무가치한 존재로 여긴다. 자기애는 자신을 사랑하는 마음으로, 적당한 자기애는 건강하고 높은 자존감을 갖도록 도와준다. 하지만 어릴 때 자기애적 욕구가 심하게 좌절되었을 경우 자기애적 성격 장애로 이어질 수 있다.

정답이 하나라고 가르치는 학교, 대답을 강요하는 사회

사실 저는 자기 말만 맞는다고 우기는 일이 만연하고, 우기기 대왕들이 넘쳐난다면 그것은 개인의 문제라기보다 사회적 문제일 수 없다고 생각합니다. 자기 말이 틀릴 수 없다고 생각한다는 것은 다양한 가치를 인정하기 힘들다는 뜻입니다. 그리고 그런 사람들은 은연중에 답이 하나라고 생각하기 쉽습니다. 정답이 하나이니, 내가 생각한 답이 정답이면 남의 것은 오답일 수밖에 없습니다. 그러니 당연히 인정할 수 없겠지요.

정답이 하나라고 생각하는 사람들의 특징을 보면 답은 의외로 간단한 데서 찾을 수 있습니다. 어렸을 때부터 그렇게 교육을 받은 것입니다. 한국인의 특징이라기보다는 한국 교육의 부작용 중 하나라고 보는 게 타당하겠지요. 그런데 교육은 그 시대의 보편적 요구를 반영합니다. 사회가 정답이 하나라고 생각하면, 교육도 그것을 따라갈 수밖에 없지요. 그러니 이 현상은 보다 근본적으로 뜯어보면 사회 문제라고 볼 수 있는 것입니다.

답이 하나라고 생각하는 사람들은 비합리적인 신념을 가지고 있습니다. 그들은 답이 여러 개인 것을 견디지 못할 뿐 아니라 여러 개의 답을 생각하는 것도 고통스러워합니다. 이런 사람들을 가리켜 심리학자들은 '생각을 즐기지 않는 사람'이라고 말합니다. 빨리 답을 해야 보상을 받았던 사람이 자기 생각을 바꾸지 못하는 사람이 돼 버린 것이지요.

가령 회의 시간에 질문을 던졌는데 "곰곰이 생각해 볼 수 있게 시간을 좀 주십시오"라고 하면 아마도 비난을 피할 수 없을 겁니다. 또 아이에게 뭘 물어봤는데 바로바로 답이 나오면 "아이고, 똑똑해"라고 칭찬을 합니다. 이렇듯 바로 대답하지 않는다고 해서 비난하고, 빨리 대답하면 칭찬하는 우리 사회가 우기기 대왕을 만드는 것입니다.

심사숙고하고 고민에 빠지는 것을 싫어하는 사회적 분위기가 바뀌지 않는 이상 자기만 맞는다고 우기는 사람의 수를 줄이기는 어렵겠지요. 속도를 강조하고 '빠른 게 좋은 것'이라는 생각에 집착하는 사회 분위기를 바꾸지 않는 한 우리는 계속해서 이런 어려움 속에서 살아갈 수밖에 없습니다. '왜 저 사람은 맨날 우겨 댈까?'라는 내 주변의 문제로 출발했지만, 사실 우리 사회 전체의 문제는 아닌지 긴 시간을 두고 함께 고민해 보았으면 합니다.

대화를 할 때 우리는 늘 무언가 의견을 내기를 원합니다. 하지만 '의견 없음'도 '의견'이라는 것을 받아들여야 합니다. 어떤 사안에 대한 의견을 물을 때 '찬성하는 입장'과 '반대하는 입장'만 있다면 자기 의견을 꼭 말해야 합니다. 그런데 설문조사를 할 때 '찬성' '반대' '의견 없음'을 물으면, '의견 없음'이 훨씬 더 높은 비율로 나올 때가 많습니다.

그 순간 자기의 의견이 없지만 한쪽을 선택해야 할 때 우기는 모습을 보이는 사람도 많습니다. 그러니 사람들과 대화할 때는 의견이 있는가를 먼저 물어보는 것이 좋습니다. 이때 잊지 말아야 할 것은 의견이 없다고 해도 그 또한 하나의 의견이라고 인정해 줘야 한다는 것입니다. 그러고 나서 상대가 우기지 않고 자기 생각을 소신 있게 말할 수 있는 다른 주제로 넘어가면 됩니다.

○ 웬만해선 알 수 없는
타인의 마음에 대하여

틈만 나면 남 욕을 하는 사람
대하는 법

#관계주의

#왜곡된안녕감

#불안

직장 생활을 하면서 일 때문에 힘들 때가 많을까요? 사람 때문에 힘들 때가 더 많을까요? 한 설문조사에서 직장인을 대상으로 일과 사람 중 퇴사에 더 큰 영향을 미치는 요인을 물었더니, 무려 70퍼센트 이상이 인간관계에서 오는 스트레스가 더 심하다고 답했다고 합니다.

인간관계 때문에 힘든 게 어디 직장 생활뿐일까요? 한국처럼 관계를 중시하는 문화에서는 퇴사, 이사 등 떠나고 벗어나려고

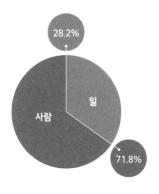

퇴사에 영향을 미치는 요인

하는 모든 노력의 원인에 인간관계가 있습니다. 청소년들의 고민 역시 1위가 인간관계입니다. 친구, 부모님, 선생님과의 관계는 늘 지금 나의 생활을 가장 힘들게 만드는 요인이니까요.

직장이니까, 친구니까, 가족이니까 우리는 더욱더 해결하고 싶어 합니다. 문제는 해결하려 노력해도 잘 안 된다는 것입니다. 그렇다면 무조건 참아야 할까요? 참을 인 자 세 번이면 살인을 면한다고 하지요? 아닙니다. 참을 인 자 세 번이면 번아웃됩니다. 이 말을 꼭 기억하세요.

나를 지키기 위해 스트레스 없는 인간관계를 만들려면 반드시 이 사람들의 심리부터 파악해야 합니다. 바로 자꾸 남 욕을 하고 말을 옮기는 사람들입니다.

웬만해선 알 수 없는
타인의 마음에 대하여

'우리'를 '자아'로 동일시하며 타인과의 관계 형성을 통해 '자아'를 형성하는 것을 말한다. 한국인들은 관계주의 성격이 강해 집단이나 개인의 이익보다 자신에게 더 중요한 사람과 관계에 더 깊이 몰입하는 경향이 있다. 우리 아내, 우리 딸, 우리 학교 등 1인칭 복수 대명사인 '우리'를 가장 많이 사용하는 나라가 바로 대한민국이다.

┃ 남 욕을 하는 행동 이면에 숨은 불안

잠시 스쳐 가는 사람이든 일상적으로 자주 만나는 사람이든, 남 욕을 하는 사람과 대화하다 보면 지친다는 느낌을 받습니다. 이들은 어떤 주제의 대화든 꼭 그 자리에 없는 사람들의 욕으로 연결시키고, 자꾸 다른 사람의 말을 나에게 옮깁니다. 그러면서 그 말에 공감해 줄 것을 요구합니다.

처음에야 흥미로울 수 있고 호기심도 생길 수 있습니다. "진짜 걔가 그래?" "어? 그 사람이 그런다고?" 하며 대꾸도 해 주겠지요. 하지만 계속해서 그런 얘기를 듣다 보면 '왜 이 사람은 자꾸 남의 욕만 할까?' 하는 생각이 들고 '딴 데 가선 내 얘기를 이렇게 옮기지 않을까?' 하는 의심도 들 것입니다.

이렇듯 주변에 꼭 있는, 남 욕을 많이 하는 사람에게는 공통점이 있습니다. 본인들은 절대 인정하지 않을지 몰라도, 이런 사람들은 행복하지 않습니다. 마음도 늘 불안하고요. 이들은 자기보다 불행한 사람을 찾아야만 거기서 우월감을 느끼고, 그걸 통해 '나는 괜찮다'라는 왜곡된 안녕감을 느낄 가능성이 높습니다.

물론 끊임없이 다른 사람의 욕을 하는 사람들도 몇 가지 유형이 있습니다. 그중 가장 좋지 않은 유형은 '내가 싫어하는 사람을 다른 사람들도 똑같이 싫어했으면 좋겠다'라는 마음을 숨기지 못하고 계속해서 욕을 하며 동의해 줄 것을 암묵적으로 강요하는 사람입니다.

사람과 사람이 만나서 어떻게 매번 뜻이 같고, 서로에게 호감만 표시할 수 있겠습니까? 서로 뭔가가 맞지 않아 관계가 틀어질 때도 있기 마련이지요. 그런데 이들은 내가 싫어하니까 '다수의 눈으로 봤을 때도 이 사람을 싫어할 것이다' 또는 '다른 사람도 내 생각에 동의할 것이다'라고 생각합니다. 그래서 다수의 힘을 확보하기 위해 기회가 될 때마다 그 사람 욕을 하는 것입니다.

왜 다수의 힘을 확보하려고 하느냐고요? 불안하기 때문입니

○ 웬만해선 알 수 없는
타인의 마음에 대하여

다. 고립되는 것에 대한 불안이 강한 사람은 어떤 사람을 좋아하든 싫어하든 그 감정을 다수가 느껴야 한다고 생각합니다. 그리고 그럴 수 있는 상황을 만드는 데 굉장히 골몰합니다. 그래서 이들이 제일 좋아하는 말이 "너만 그런 게 아니야"입니다.

말을 옮기는 사람들의 심리

매번 다른 사람의 말을 옮기는 사람들의 심리 역시 이것과 크게 다르지 않습니다. 오히려 남 욕을 하는 사람보다 더 나쁜 사람이 바로 이런 유형입니다. "나 B 싫어"가 아니라 "A가 B를 되게 싫어하더라." 하면서 아주 교묘하게 아무 상관 없는 A에게 자신의 생각이나 감정을 투영시킵니다.

이렇듯 말 옮기는 행위에는 나의 나쁜 생각이나 감정에 책임지기 싫은 인간의 교묘한 습성이 담겨 있습니다. 'B는 진짜 나쁜 애야'와 'A가 그러는데 B 진짜 나쁜 애래'가 담고 있는 메시지는 같습니다. 내가 B를 싫어한다는 것이지요. 이처럼 욕은 하고 싶지만 책임은 지고 싶지 않은 사람들이 하는 비겁한 행동이 바로 말을 옮기는 것입니다.

살면서 단 한 번도 말을 안 옮긴 사람은 없겠지요. 하지만 말을 옮기는 것은 정말 주의해야 하는 행동입니다. 사회생활을 오래 했거나 사람들을 많이 만나 봐서 사회적으로 능숙한 사람일수록 말 옮기는 사람의 속내를 정확하게 파악하기 때문입니다. 노련한 그 사람은 당신이 B를 싫어할 뿐 아니라 그걸 들키고 싶지 않아서 제삼자를 끌어들이는 비겁한 사람이라고 생각할 것입니다.

그러니 남의 입을 빌려 말을 옮겨서 누군가를 우회적으로 비판하는 것은 오히려 내가 못난 사람이라는 것을 드러내는 행동입니다. 설사 그런 의도가 아니었다고 해도 상대는 그렇게 생각할 가능성이 높습니다. 그러니 싫으면 그냥 싫다고 이야기하는 것이 낫습니다. 그러면 적어도 못나고 비겁한 사람으로 보이진 않을 테니까요.

남 욕을 하는 사람 상대하는 방법

자, 그렇다면 남 욕을 하고 남의 말을 전하는 사람들이 왜 우리의 정신건강에 해로울까요? 그런 사람이 옆에 있으면 아무래도 늘 불안할 수밖에 없습니다. 업무와 관련해 심도 있게 논의하는 회의가 아닌데도 누군가와 대화하는 것만으로 지치고 힘들다면 그 이유를 곰곰이 생각해 볼 필요가 있습니다.

우리는 언제 주로 지칠까요? 보통 책임을 져야 하는 말과 행동을 할 때 더 많이 지칩니다. 일파만파 이 일이 어디까지 퍼질지 고민되고, 그 결과가 어찌 될지 불안하니까요. 인간은 불안할 때 에너지를 많이 쓴다는 것이 일반적인 연구 결과입니다.

물론 '나 하나도 안 불안한데요?' 하고 반문하는 사람도 있을 겁니다. 하지만 그렇지 않습니다. 의식과 무의식 양쪽 모두에서 불안해합니다. 실제로 누군가의 욕을 하고 난 다음에 불안했던 적이 있었고, 그 기억 때문에 남 욕을 하면 자동적으로 불안해지는 것입니다. 남의 말을 옮기는 행동 역시 마찬가지입니다. 이러한 불안감이 있으면 행복해질 수 없습니다. 불안의 반대말이 행복이고, 행복의 반대말이 불안인 경우가 많기 때문입니다. 내 앞에 와서 남 욕을 하고, 심지어 나를 공범처럼 만드는 사람은 무조건 피해야 합니다. 나를 불안하게 만들어서 지치게 할 테니까요.

그렇다면 남 욕을 하고 남의 말을 내 앞에 와서 자꾸 전하는 사람을 어떻게 상대하면 좋을까요? "아닌데, 그 사람 나한테는 안 그러던데"라고 말하면 상대는 더 집요하게 달라붙어 "기억을 못 해서 그렇지 너한테도 그랬을 거야." 하며 여러분을 끌어들이려 할 것입니다.

이렇게 제삼자에 대한 악감정을 공유해서 나를 공범으로 만들려고 하는 사람에게 '나는 절대 동의할 수 없어'라는 메시지를 줘야 합니다. 그리고 가장 확실하게 내 의사를 전하는 방법은 "너 되게 특이하다"라고 말해 주는 것입니다.

너무 명시적으로 "난 동의할 수 없어"라고 말하는 건 아무래도 부담이 될 수밖에 없습니다. 그럴 때 "너 좀 유별나고 특이하다"라고 말하면 상대방은 여러분에 대한 악감정은 크게 가지지 않은 채, 다른 사람을 찾아가게 될 것입니다. 같은 선으로 묶일 수 없다는 걸 알았으니까요.

▌악담 대신 칭찬 옮기는 방법을 알려 주기

나에게 별 의미 없는 사람이 내게 와서 다른 사람의 험담을 하면 어느 정도 거리를 두면 그만입니다. 그런데 내가 소중하게 생각하는 사람이 남 욕하는 것을 좋아하면 어떻게 해야 할까요? 칭찬하는 법, 칭찬을 옮기는 법을 알려 줘야 합니다.

○ 웬만해선 알 수 없는
타인의 마음에 대하여

아울러 칭찬을 옮기는 것이 얼마나 나에게 긍정적인 효과가 있는지도 알려 주세요.

아이들이 왜 게임에 빠지는지 아시나요? 게임밖에 할 수 있는 게 없어서 게임에 빠집니다. 도박 중독에 빠지는 이유도 도박밖에 할 수 있는 게 없어서 그렇습니다. 남 욕을 하거나 남의 말을 옮기는 걸 좋아하는 사람은 당장 그걸 못 하게 하면 너무 힘들어합니다. 그러다 결국 여러분 곁을 떠날지도 모르고요. 그러니 그런 사람에게는 칭찬을 옮기는 행동이 굉장히 즐겁고 자신에게도 이득이 된다는 걸 알려 줄 필요가 있습니다.

저 역시도 악담을 많이 옮기는 못난 모습을 보이던 때가 있었습니다. 그런데 20대 중반 군 생활을 하던 시절 저를 바꿔 준 대대장님이 계셨습니다. 군대에는 대대장, 중대장, 소대장이 있습니다. 직속 상관은 아니고 인접 부대의 대대장이었는데, 그분은 소대장을 칭찬할 때 그 자리에 없는 중대장의 말을 옮기는 방식으로 했습니다.

"너네 중대장 사람 참 잘 본다?"

"무슨 말씀이십니까, 대대장님?"

"아니. 너네 중대장이 그러는데 김 소위가 일을 정말 열심히 하고 부대에 없어서는 안 될 중요한 사람이라고 그러더라고. 너네 중대장 눈 좋아. 시력 2.0이다."

대대장이 소대장을 칭찬하면 그 사이에 있는 중대장이 머쓱해질까 봐, 중대장의 말을 빌려 칭찬한 것입니다.

중대장이 나갔다 돌아오면 소대장은 대대장이 다녀간 걸 보고하며 이렇게 말할 것입니다.

"대대장님이 그러는데 중대장님 시력 좋으시답니다. 중대장님이 저 능력 있다고 칭찬하셨다고, '중대장이 사람 보는 눈이 좋네.' 하고 가셨습니다."

중대장은 대대장님이, 소대장은 중대장님이 얼마나 고맙겠어요. 그 대대장님은 칭찬을 옮겨서 자기 칭찬의 정당성을 확보하고, 칭찬받은 소대장, 그 칭찬에 포함돼 있지 않은 중대장까지 아우르게 된 겁니다. 그렇게 카리스마가 있는 분도 아니고 무척 수더분한 스타일이었는데, 그분이 담당하는 부대가 왜 그렇게 잘 돌아가는지 그제야 알 수 있었습니다.

제 인생이 그때 바뀌었습니다. 저는 A가 B를 칭찬하면 그걸 잘 기억해 놨다가, B를 만나게 되면 A의 말을 전해 줍니다. 그러면 B는 제가 자신에게 아부한다고 생각하지 않습니다. 그렇게 저는 A와 B 두 사람을 모두 얻을 수 있게 되었지요. 말을 옮길 거라면 칭찬을 옮기는 것이 훨씬 이득이라는 것, 잊지 마시기 바랍니다.

① 칭찬하는 법 알려 주기

② 칭찬 옮기는 법 알려 주기

③ ①과 ②가 주는 긍정적 효과 알려 주기

남 욕을 하고 말을 옮기는 대화를 원천적으로 차단하는 방법도 있습니다. 바로 다른 사람의 장점을 잘 보는 사람이 되는 것입니다. 내게 남 욕을 많이 하는 사람이 자꾸 다가온다는 건, 그 사람 입장에선 여러분이 그 이야기의 소비자가 될 만한 사람이기 때문입니다.

질투가 많은 사람한테는 질투 많은 사람이 옵니다. 질투는 그 사람이 싫은데 대단한 능력을 가지고 있다는 걸 전제한 감정입니다. 그럴 때는 오히려 "나는 걔가 참 부럽더라"라고 솔직하게 말해야 합니다. 그렇게 말하는 사람 앞에서 그 사람을 욕하기란 정말 어려울 테니까요.

질투하면 지는 것 맞습니다. 그런데 부러워하면 내가 오히려 이기는 것입니다. 그리고 그런 솔직함이 나를 더 강하게 만들어 줄 것입니다. "너의 이런 점이 부러워"라고 말하면, 그 말을 들은 사람이 "그러면 내가 방법을 알려 줄게." 하고 다가올지 모릅니다.

다른 사람의 장점을 잘 보고, 그걸 칭찬하는 사람 곁에는 남 욕을 하는 사람이 잘 다가오지 않습니다. 그러니 나 자신부터 그런 사람이 되십시오. 그러면 남 욕을 하는 사람, 말 옮기는 사람 때문에 피곤할 일이 현저히 줄어들 겁니다.

웬만해선 알 수 없는
타인의 마음에 대하여

칭찬 자린고비들을 위한
조언

#과소평가
#의도하지않은칭찬
#자율성

함께 대화를 나누다 보면 유난히 기분 좋아지는 사람이 있습니다. 그중 대표적인 유형이 상대방의 장점을 잘 찾아낼 줄 아는 사람입니다. 자기 앞에 있는 사람의 장점을 발견해 그걸 칭찬하면 상대방의 기분은 물론 덩달아 모임 분위기도 좋아집니다. 반대의 경우라면 어떨까요? 상대방의 단점이나 실수에 예민하게 반응하고, 장점이나 잘한 일은 눈감아 버리는 사람과는 말도 섞기 싫겠지요.

그런데 의외로 다른 사람을 칭찬하는 것이 너무 어렵다고 고민을 토로하는 분들이 많습니다. '왜 나는 칭찬을 하지 못할까' 깊이 고민하면서도, 정작 사람들 앞에서는 입 밖으로 한마디도 칭찬의 말을 못 꺼내는 이유는 대체 무엇일까요?

∥ 칭찬은 생각보다 힘이 세다

우선 사람들이 칭찬에 인색한 이유부터 살펴보겠습니다. 가장 큰 이유는 칭찬이 불필요하다고 생각하기 때문입니다. 칭찬 자체가 별로 좋은 영향력을 미치지 않는다고 생각할 수도 있고, 나의 칭찬이 아첨이나 사탕발림이라고 오해를 받을까 봐 조심하느라 칭찬에 인색할 수도 있습니다.

심리학자로서 무언가에 '인색하다'고 정의할 때는 그걸 해도 효과가 없을 것이라는 예측이 내재된 경우가 많습니다. '투자에 인색하다'면 투자를 해도 별 소득이 없을 거라는 생각이, '휴식에 인색하다'면 쉬어도 별로 좋아질 것이 없다라는 생각이 기저에 깔려 있는 것이지요.

그런데 최근에 칭찬에 인색한 분들에게 꼭 알려 드리고 싶은 연구가 한 편 발표되었습니다. 미국 스탠퍼드 대학교의 심리

○ 웬만해선 알 수 없는
타인의 마음에 대하여

학자 쉬안 자오Xuan Zhao 박사를 비롯한 연구진이 그 주인공입니다.

연구진은 자신의 지인을 데리고 함께 실험에 참가했습니다. 여기서 지인이란 10년 정도 서로를 알고 지낸 관계를 의미합니다. 이들은 한쪽 사람에게 자신의 파트너한테 지금까지 자신이 이야기하지 않은 상대방에 대한 장점, 즉 칭찬을 세 가지씩 작성하도록 했습니다. 그러고 난 다음 이 세 가지 칭찬에 상대방, 그러니까 친구가 얼마나 기분이 좋을지 혹은 어색해하거나 민망해할지를 예측하게 했습니다. 그리고 그 칭찬을 받은 당사자에게는 자신이 받은 칭찬에 어떤 감정을 어느 정도로 느꼈는지 물었습니다.

연구진은 이 실험을 통해 칭찬을 하는 쪽에서 했던 상대방의

10년 지기 친구

상대방에 대한
칭찬 세 가지 적기

• 상대방은 나의 칭찬에
  기분이 어느 정도 좋을까요?

• 상대방은 나의 칭찬에 어느
  정도 쑥스러움을 느낄까요?

반응에 대한 예상과 칭찬을 받은 당사자가 실제 느낀 감정을 서로 비교했습니다. 결과는 어떠했을까요? 가장 주목해야 할 점은 칭찬을 하는 쪽은 거의 언제나 자신이 한 칭찬이 받는 사람을 얼마나 기분 좋게 할지에 대해서는 과소평가했고, 칭찬받는 사람이 얼마나 쑥스러워하거나 민망할지에 대해서는 과대평가했다는 것입니다.

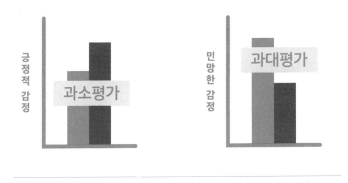

■ 칭찬한 사람의 기대치
■ 칭찬받은 사람의 실제 기분

  그리고 이 두 경향성은 칭찬에 유난히 강하게 나타나는 현상이었습니다. 칭찬이 아닌 상대방의 일반적인 특징을 이야기하는 경우에는 상대방이 느끼는 감정에 대해서 과소나 과대 없이 상대적으로 더 정확하게 예측했기 때문입니다.

이 연구 결과가 의미하는 바는 명확합니다. 내가 하는 칭찬이 상대방에게 주는 좋은 영향력을 과소평가하고 있다는 것입니다. 즉, 칭찬에 인색할 필요가 없는데도 억지로 스스로 칭찬에 인색하게 만들고 있다는 것이지요. 칭찬에 인색해서 고민이라면, 내가 한 칭찬으로 상대방이 얼마나 긍정적 감정을 느낄지 상상해 보세요. 상대방을 기분 좋게 하고 분위기를 좋게 만들고 싶다면, 억지로라도 칭찬하는 연습을 해 보길 바랍니다.

좋은 칭찬, 나쁜 칭찬이 따로 있을까

어떻게 칭찬해야 할지 모르는 사람들은 그저 "잘했다"고만 말합니다. 그런데 그것은 아주 나쁜 칭찬 방법입니다. 이렇게 효과가 떨어지는 칭찬을 하니 '칭찬은 별 의미 없어.' 하며 일종의 자기 충족적 예언을 하기 일쑤인 겁니다.

자, 그렇다면 좋은 칭찬은 무엇일까요? "오, 너무 좋은데? 이거 어떻게 했어?" 하는 게 더 좋은 칭찬입니다. 그냥 잘했다고만 칭찬하면 상황은 거기서 끝납니다. 상대방은 "감사합니다." 외에 더 할 말이 없으니까요. 하지만 "이거 어떻게 했어?" 하면 어떤 점에 더 신경을 썼는지, 그 과정은 어땠는지 등 구체적인 대화가 오가게 됩니다. 상대방이 기분 좋은 상황 역시 더 이어 가게 되고요.

칭찬을 잘하는 또 다른 방법은 상대가 의도치 않게 한 행동에 대해 칭찬하는 것입니다. 우리는 보통 본인이 시키거나 부탁한 일을 상대방이 잘해 줬을 때만 칭찬을 합니다. 그런데 이런 일을 하면서 자율성이나 책임감이 생길 가능성은 거의 없습니다. 그런데 누구도 시키지 않은 일을 그 사람이 스스로 했을 때 칭찬하는 것은 굉장한 효과가 있습니다. 그 순간 칭찬받은 사람은 다음에 더 잘하고 싶다는 마음이 생길 테니까요. 이것이 자율성입니다.

이러한 좋은 칭찬의 효과를 저는 청소년회복지원시설에서 보았습니다. 그곳에서 일하는 경험 많은 보호사나 교정감독관은 본인이 시킨 일을 아이들이 열심히 해 오면 적정한 선에서 칭찬을 하고 멈춥니다. 칭찬에 너무 박한 것 같아 이유를 물었더니 "이런 일을 잘해 왔을 때 너무 많이 칭찬하면 오히려 자기들끼리 뒤에서 저를 비웃습니다"라는 답이 돌아왔습니다.

그런데 이런 대화를 하던 중에 구내식당에서 일하는 나이 지긋하신 할머니 한 분이 식자재 상자를 들고 지나갔습니다. 상자가 무거웠는지 할머니께서 약간 비틀거리자 옆에 있던 청소년 한 명이 반사적으로, 즉 아무런 목적이나 의도 없이 할머니를 부축해 드리고 식자재 옮기는 것을 도와주었습니다. 그것을 본 감독관이 슬쩍 아이 옆으로 가더니 지나가듯 한마디를 던졌습니다. "오, 너 보기보다 멋있는 데가 있다?"라고 말이지요.

그 청소년의 의도치 않은 선행을 칭찬한 것입니다. 후일담으로 들은 바에 따르면, 그 친구는 이후 눈에 띄게 문제 행동이 개선되었다고 합니다. 시설을 나가면서 그때 스치듯 받았던 칭찬이 오랫동안 기억에서 떠나지 않았다고 솔직하게 고백했다는 이야기도 전해 들었습니다.

이렇듯 인간은 기본적으로 어떤 결과를 바라고 행동했을 때보다 결과에 대한 큰 기대가 없는 상태에서 한 행동에 대한 피드백에서 더 많은 영향을 받습니다. 예를 들어 별 뜻 없이 베푼 친절에 상대가 매우 고마워하면, 오히려 그 이후에 자신이 스스로 더 많은 의미를 부여하고, 상대에게 계속해서 더 좋은 행동을 많이 할 수 있다는 것이지요.

기대감을 갖고 한
행동에 대한 피드백

의도하지 않은
행동에 대한 피드백

① 재능이 아닌 노력을 칭찬하기

   - "넌 진짜 머리가 좋구나." (×)

   - "최선을 다하는 모습이 진짜 멋지구나." (○)

② 인칭을 넣어서 칭찬하기

   - "시험 점수가 잘 나왔네?" (×)

   - "○○아, 네가 열심히 해서 이렇게 좋은 점수가 나왔구나." (○)

③ 상대를 칭찬할 때는 상대의 관계까지 함께 칭찬하기

   - "요즘 젊은이답지 않게 배려심이 있네." (×)

   - "요즘 친구들은 능력치가 높다더니 자네가 바로 그렇군." (○)

④ 의도하지 않은 선행을 칭찬하기

   - 우연한 행동으로 칭찬받으면 그 면이 강화된다.

칭찬도 연습이 필요하다

자, 이제 어떻게 칭찬하는 것이 좋은지 알게 되었지요? 다음으로 남은 문제는 '타이밍'입니다. 대체 어떻게 하면 적재적소, 타이밍에 맞는 칭찬을 할 수 있을까요? 그 답을 찾기 위해 제가 먼저 여러분에게 드리고 싶은 질문이 있습니다. 야구를 잘하고 싶으면 어떻게 해야 되나요? 요리를 잘하고 싶으면 뭘 해야 하죠? 답은 간단합니다. 많이 해 보는 수밖에 없습니다. 칭찬도 마찬가지입니다. 평소에 연습을 많이 해야 합니다.

속으로만 아무리 생각하면 뭐하겠어요. 많이 해 봐야지요. 여러 번 시도해야 '이런 칭찬을 했더니 분위기가 이렇게 되는 구나.' '저 사람은 이런 식의 칭찬에 긍정적 영향을 받아서 더 열심히 일하는구나.' 하고 알 수 있습니다. 결국 실생활에서 칭찬을 많이 시도해 보는 수밖에 없는 것이지요.

'저는 칭찬에 박한데 어떻게 해야 할까요?'라는 고민이 있는 사람은 어쩌면 다른 사람을 칭찬하고 싶은 마음으로 이미 가득 차 있는 분인지도 모릅니다. 이제 그것을 입 밖으로 꺼내 보세요. 그래서 제가 시범을 보여 드린 것입니다. "오, 너무 좋은데? 이거 어떻게 했어?" 하고 말이지요.

칭찬에 인색한 사람이 처음 칭찬을 하게 되면 서로 어색할 수 있습니다. 그런데 우리가 무언가 새로운 것을 시도했을 때 늘 단번에 잘되는 법은 없지 않던가요. '내가 도전하면 무조건 100퍼센트 성공'이라고 자신하는 사람은 많지 않을 겁니다. 안 해 봤던 칭찬을 하는 일도 마찬가지입니다. 처음에는 칭찬을 하는 게 왠지 모르게 민망하고, 칭찬을 받는 상대도 쑥스러워

할지 모릅니다. 하지만 열 번, 스무 번쯤 하고 나면 달라질 것입니다. 그렇게 계속하다 보면 여러분의 칭찬이 누군가에게 엄청난 힘이 되고 나에게도 긍정적인 힘이 되는, 칭찬의 선순환을 이루는 날이 반드시 올 것입니다.

웬만해선 알 수 없는
타인의 마음에 대하여

타인의 마음을
이해하는 연습

3장

집착하는 사람에겐
이유가 있다

#집착러

#소유욕

#강박장애

"새로 생긴 식당이 맛있대. 같이 가자." "그 영화 재미있다던데 같이 보러 가자." 이 정도 제안은 친구나 직장 동료라면 누구나 할 수 있습니다. 그런데 문제는 그 이후입니다. "너, 그 식당 다른 사람이랑 가서 SNS에 올렸더라?" "그 영화 나랑 보기로 했잖아. 누구랑 본 거야?" "너 ○○랑 주말에 △△ 갔다면서? 나랑은 왜 안 가?"라며 꼭 같이하자고 약속을 정한 것도 아닌데, 내가 다른 사람과 어디에 가거나 무엇을 하면 굉장히 예민하게 반응하고, 심지어 화까지 내는 사람이 있습니다.

백번 양보해서 사귀는 사이라면 이해해 줄 수도 있겠지요. 그런데 그저 친구일 뿐인데, 직장 동료일 뿐인데 나에게 집착하고 나의 시간을 소유하려 합니다. 왜 그 사람은 매번 나와 모든 걸 같이하고 싶어 하고, 나의 모든 것을 알고 싶어 하는 걸까요?

┃ 정말 너무 좋아해서 집착하는 걸까

먼저 생각해 봐야 하는 건, 그 사람은 내가 정말 좋아서 그렇게 행동하는 것일 수도 있다는 점입니다. 누군가를 좋아하면 뭐든 같이 경험하고 같은 걸 느끼고 싶어 합니다. 다만 그것을 표현하는 방법이 서툴러서 상대방이 조금 불편할 정도로 과하게 행동할 수 있는 것이지요.

여기서 한 가지 묻고 싶은 게 있습니다. 관심이 있는 것과 집착하는 것은 어떤 차이가 있을까요? 그것은 상대의 관심을 받는 나의 느낌에 달려 있습니다. 관심의 시그널은 상대방이 보내지만, 결론은 관심을 받는 당사자인 내가 내린다는 것이지요. 내가 불편하고 과하다고 느낀다면, 그것은 집착입니다. 그런데 아주 위험한 상황은 좋아한다는 말을 방패 삼아 자기 필요를 충족시키기 위해 이런 행동을 하는 사람이 내 주변에 있을 때입니다.

다들 학창 시절에 친구가 나하고만 친하게 지내고, 모든 것을 같이하기를 바랐던 경험이 있을 겁니다. 그때는 만나는 사람이 한정되어 있고, 서로의 시간을 공유할 수 있는 요소들이 많았기에 가능하고 용인되었던 일인지도 모릅니다.

그런데 대학교에 들어가고, 사회에 나가서도 여전히 그렇게 하는 사람들이 있습니다. 그런 사람들은 친구를 사귀는 범위가 초·중·고등학생 때처럼 굉장히 한정되어 있습니다. 다시 말해, 이들은 나와 다른 지역에 살고, 다른 학교를 다니는 사람과는 친구가 될 수 없다고 생각하는 경향이 강합니다. 지금 나와 친한 친구들 외에 새로운 친구를 사귀는 것이 어렵다고 이미 가정하고 있는 것입니다. 이런 경우 성장 과정에서 이루어졌어야 할 사회화가 조금 덜 되었다고도 볼 수 있습니다. 아직 마음이 어리다는 것이지요.

이런 사람이 사회에 나와서 다른 사람을 만나는 경우에는 정도가 더 심해질 겁니다. 나는 사람을 사귀기가 힘든데, 나와 마음이 맞고 친해질 수 있을 것 같은 존재를 찾았으니, 얼마나 상대에게 더 큰 의미 부여를 하겠어요? 그들이 느끼기에 드디어

○ 타인의 마음을
이해하는 연습

사귄 친구가 다른 사람과 친해진다는 것은 나에게 올 관심과 애정이 줄어든다는 의미입니다. 게다가 본인은 새로운 친구를 더 사귈 수 없으니 우리의 관계가 손해를 보고 있다고 여길 겁니다. 정리하자면, 그 친구의 세상은 굉장히 작은데, 여러분이 자기 없이 더 큰 세상으로 간다니 훼방 놓고 싶은 것입니다.

그리고 그것을 합리화하기 위해 사용하는 말이 있습니다. 바로 '좋아한다'는 말입니다. 그렇게 집착하는 친구가 옆에 있으면 우리는 보통 '걔는 나를 너무 좋아해서 그런다'라고 생각합니다. 주위에서도 "야, 걔는 널 진짜 좋아하나 보다." 이렇게 말하고요. 그런데 그건 정말 큰 착각일 수 있습니다. 그 친구에게 여러분은 '라이크like'가 아닌 '원트want'의 대상이니까요. 순수하게 여러분을 좋아해서가 아니라, 여러분이 없는 순간이 불편해서 그것을 벗어나고 싶어서 그럴 수 있다는 것입니다.

내가 없을 때 불편한 것과 나와 있으면 좋은 것은 완전히 구분되는 감정입니다. 남녀 관계 역시 마찬가지지요. "너 없으면 못 산다"고 난리를 쳤던, 너무 좋아한 나머지 집착했던 사람일수록 관계가 회복되지 않을 거라고 판단되면 재빨리 다른 상대를 찾는 경우가 많습니다. 자신에게 필요한 그런 존재를 또다시 찾는 것이지요. 여러분에게 집착하는 그 친구 역시 마찬가지일 수 있습니다.

애착이란 가깝다고 느끼는 사람에게 느끼는 애정적 유대 관계다. 성장하면서 각 시기마다 자신이 가깝다고 느끼는 사람과 제대로 된 애정적 유대 관계를 형성하지 못할 경우 애착이 손상되어 집착으로 변질될 수 있다.

관계에 있어서의 집착은 상대에 대한 소유욕으로 인해 생긴다. 내 편으로 만들려는 욕구, 상대를 내가 원하는 대로 움직이려는 욕심이 관계의 집착이다. 누군가에게 집착하는 사람은 상대방이 고통스럽든 슬프든 간에 내가 행복하면 그것으로 끝이며, 상대방을 소유함으로써 자신이 행복해지기만을 원한다.

그 친구가 옆에 있는 한, 당신은 어떤 도전도 할 수 없다

그냥 나를 좋아하는 친구인데 이게 그렇게까지 심각한 문제일까 하는 생각도 들 겁니다. 눈에 보이는 일차적인 피해는 다른 사람을 만나기 힘들어진다는 것입니다. 하지만 문제는 그것이 끝이 아니라는 데 있습니다.

그런 사람은 여러분이 새로운 도전이나 변화를 추구하지 못하게 하는 암시적인 말을 반복해서 합니다. 왜냐하면 새로운 일

타인의 마음을
이해하는 연습

을 하고 새로운 세상을 알아 갈수록 자신이 필요 없는 시간을 보낼 확률이 커지니까요. 그래서 그 친구는 여러분이 용기를 내서 뭔가 새로운 일을 하고 싶을 때, 그것을 하지 않아도 되는 수십 가지의 이유를 친절하고도 자세히 얘기해 줄 것입니다. 심지어 본인도 모르는 사이에 말이지요.

그렇다면 나에게 집착하는 그 사람을 자연스럽게 피할 방법은 없을까요? 그 사람이 여러분과 친하거나 여러분에게 필요한 사람이라면 이런 문제를 단기간에 해결하는 것은 불가능합니다. 그런데 우리가 심리학을 공부하는 이유 중 하나는 이런 사람을 순식간에 끊어 내는 기술이 아니라 거리를 두는 지혜를 배우기 위함이 아닐까요?

집착하는 사람과 거리를 두는 가장 좋은 방법은 시간, 돈, 사람, 이 셋 중 하나를 확실하게 공유하지 않는 것입니다. 전혀

집착하는 사람의 사고방식

공유하지 않는 한 가지만 있다면 "너, 나 도와줄 수 있어?"라고
할 때 참견할 방법이 없어지니까요.

일례로 나에게 집착하는 친구가 금전적으로 여유가 있다고
합시다. 경제적으로 힘들 때마다 그 친구가 돈을 빌려 주거나
다른 도움을 주었다면, 그것이 그 친구로부터 빠져나오기 힘든
이유가 될 수 있습니다. 완벽하게 모든 면에서 나에게 도움을
받기만 하는 사람이 나에게 집착하는 경우는 없습니다. 무언가
한 가지는 그 친구가 여러분에게 주고 있는 것입니다.

집착하는 친구가 전혀 알지 못하는, 아예 새로운 분야를 공
부하는 것도 거리를 둘 수 있는 좋은 방법입니다. 믿기지 않겠
지만, 고등학교 때 저에게 집착하는 친구가 있었습니다. 그 친
구는 부모님 뜻에 따라 법학과에 진학했고, 저는 심리학과에
들어갔습니다. 그 친구가 전혀 모르는 분야다 보니 따로 공부

　　　　○　타인의 마음을
　　　　　　이해하는 연습

할 수밖에 없게 되었지요. 평소처럼 같이 공부하자고 요구해도, 자연스럽게 '너는 끼면 안 돼.' '너는 이 상황에서는 큰 역할을 할 수 없어.' 같은 암시적인 말들을 할 수 있는 상황이 조성되었습니다.

그러므로 집착하는 그 사람이 알지 못하고, 할 수 없는 나만의 분야가 있어야 합니다. 매번 모든 걸 알고 싶어 하고, 모든 걸 같이 하고 싶어 하는 그 친구는 여러분이 자신과 똑같다고 생각하고 있을 겁니다. 그러니 상대에게 모든 원인을 돌리기 전에, 먼저 그 친구와 차별화되는 나만의 무언가가 있는지 생각해 보기 바랍니다. 두 사람 간에 공통분모가 될 수 없는, 전혀 다른 측면을 내가 만들어 내지 못하고 있는 것은 아닌지 스스로를 돌아볼 필요가 있습니다.

가족 간의 집착이 더 위험한 이유

그런데 집착이 친구 간에만 생기는 문제일까요? 사실 가족들 사이에 그러는 경우가 더 많습니다. 같이 보내는 시간이 길고, 가장 많은 걸 공유하는 만큼 집착하기 좋은 것이 가족입니다. 형제자매가 결혼을 못 하게 하는가 하면, 부모와 자식간에도 그런 사례가 굉장히 많습니다. 가족 간의 집착이 더 위험한 이유는 '우정'도 아니고 '애정', 즉 '가족 간의 사랑'이라는 이름으로 둔갑하기 때문입니다. 그래서 나를 더욱 지치고 힘들게 합니다.

도대체 왜 가족 간에 집착이 일어나는 걸까요? 보통은 부모가 자식에게 집착하는 경우가 많다고 알려져 있습니다. 상당 부분 사실이기도 하고요. 부모님이 자식에게 집착하는 것은 태어나서부터 애정으로 키웠기 때문입니다. 아무것도 할 수 없던 갓난아기를 안아 주고, 먹여 주고, 보호해 주었지요. 우리가 누군가를 보호한다는 것은 그에 따르는 모든 손해를 감수해야 한다는 것을 의미합니다. 즉, 그 과정에서 포기한 것이 많기 때문에 결과적으로 집착하게 되는 것입니다. 처음에는 섭섭함으로 시작하겠지요. 하지만 그 감정이 쌓여서 결과적으로 집착이 됩니다.

"그건 부모님이 느끼는 보상 심리 아닌가요?" 하고 반문하는 사람도 있을 겁니다. 하지만 그렇게 단순하게 말하기는 어렵습니다. 보상은 거래를 전제로 하고, 다른 무언가로 대체할 수 있어야 합니다. 하지만 자식은 교환하거나 대체할 수 있는 존재가 아닙니다. 그러니 부모님의 집착을 폄훼하거나 비난하지는 말았으면 합니다.

그렇다고 해서 부모님이 나한테 집착하시는 걸 그대로 둘 수는 없겠지요. 관계를 끊고 모른 척할 수도 없는 노릇이고요. 그렇다고 급한 마음에 "엄마(아빠)도 이제 다양한 사람을 좀 만나세요"라고 하는 건 현실성이 떨어질뿐더러 부모님께 상처가 될 수 있습니다. 그럴 때는 부모님께 자아를 존중하고 자기를 계발할 수 있는 무언가를 만들어 드리는 것이 좋습니다. 공부도 좋고 취미나 운동도 좋습니다.

아주 예외적인 경우가 아니라면 부모님도 분명 좋아하는 무언가가 있었을 겁니다. 자식을 키우기 위해 포기할 수밖에 없었던 것들 말이지요. 부모님과 많은 이야기를 나눠 보기 바랍니다. 여러분을 낳기 전, 결혼하기 전 어머니, 아버지의 이야기에 한번 귀 기울여 보세요. 그리고 거기서 찾은 무언가를 같이 시작하면 됩니다. 어느 정도 궤도에 오를 때까지는 여러분이 옆에 있어 줘야겠지요. 그리고 난 뒤에는 서서히 빠져 주면 됩니다.

이때 유의해야 할 점은 밥할 때처럼 다 되었다 싶어도 조금 뜸을 들여야지, 성급하게 미리 밥솥 뚜껑을 열면 안 된다는 것입니다. 최종적으로 도달해야 할 지점은 부모님이 나에 대한 집착을 버리고 다양한 사람을 만나 그들과 교류하는 것입니다. 그 목표까지 가는 길에는 징검다리가 촘촘하게 놓여 있습니다.

집착 버리기　　새 삶 찾기

그 징검다리 중 어디까지 부모님의 손을 잡고 함께 갈지는 고민이 필요합니다.

사실 저도 예전에 비슷한 경험을 한 적이 있습니다. 많은 부부 유학생들의 문제이기도 한데, 사회적으로 활발하게 활동했던 아내조차 유학을 가 보니 남편인 저만 바라보게 되더라고요. 아내에게 "너도 사람을 좀 만나"라는 말을 했었는데, 지금도 아내는 그때를 생각하면 배신감에 치가 떨린다고 합니다.

조금 시간이 흘러 비학위과정 유학생 모임에 아내와 함께 나갔습니다. 친구가 생길 때까지만 같이 다녔는데, 어느 순간 오지 말라고 하는 모임이 생기더군요. 또래 여성들끼리만 나누고 싶은 이야기가 있었겠지요? 그리고 얼마 후 아내는 저보다 훨씬 더 많은 모임에서 다양한 사람을 만나고 있었습니다. 부모님 역시 마찬가지 아닐까요? 여러분이 시작만 도와준다면 더

○　타인의 마음을
이해하는 연습

큰 세계를 만들 것이고, 자식에게만 온 신경을 쏟던 모습은 금세 사라질 것입니다.

　다변화되고, 자원이 많아지며, 이동이 활발해진 사회에서 모든 것을 서로 알고 함께하는 '도원결의'형 인간은 오히려 점점 더 불행해진다고 합니다. 합리적 정서행동치료REBT의 창시자인 앨버트 엘리스Albert Ellis는 이것을 '비합리적인 신념'이라고까지 말합니다.

　그러니 집착하는 친구 때문에 괴롭다면 나부터 여러 사람과 만나는 것을 두려워하지 말고, 느슨하지만 다양한 인간관계를 만들 필요가 있습니다. 여러분에게 집착하는 그 사람이 '나와 너는 똑같은 사람이고, 같은 운명 공동체야'라고 인식하지 않도록 말이지요.

우리는 왜
MBTI에 집착할까

#MBTI

#타고난기질

#외향적vs내향적

《2022 트렌드 모니터》에 따르면, 2021년 말 천 명을 대상으로 설문조사를 실시해 '당신은 MBTI를 신뢰하십니까'라는 질문을 던졌습니다. 응답자 중 무려 75.2퍼센트가 MBTI를 신뢰한다고 답했고, 80.6퍼센트가 자신이 어떤 사람인지 궁금하다고 답했습니다. 이러한 조사 결과는 MBTI를 강하게 믿는 사람들이 얼마나 많은지를 보여 줍니다.

실제로 나와 맞지 않는다고 알려진 MBTI 유형의 사람을 만나면 친해지기 꺼려진다는 사람도 있습니다. 이제는 이력서나 면접에서도 MBTI를 묻는 회사들이 등장했습니다. 취업에 불이익이 올까 봐 자신의 MBTI를 속여서 제출하는 사람도 있다고 합니다. 도대체 왜 우리는 이렇게 MBTI를 무한 신뢰하고, 심지어는 좀 과하게 몰입하는 걸까요?

MBTI 열풍의 이유

MBTIMyers-Briggs Type Indicator(마이어스-브릭스 유형 지표)는 캐서린 쿡 브릭스Katharine C. Briggs와 그녀의 딸 이사벨 브릭스 마이어스Isabel B. Myers가 홈스쿨링을 하며 인간의 유형이 이렇게 다양할 수 있다는 것을 보여 주기 위해 개발한 것입니다. 검사의 형태를 취하고는 있지만 정확하고 타당한 측정이 아닌, 딸에게 교훈을 주기 위해 만든 것으로 일종의 게임에 가깝습니다.

제가 처음 MBTI 검사를 받았던 때는 지금으로부터 30년 전인 1992년입니다. 그때만 해도 MBTI는 관련 전문가들이나 전공 학생들만 알고 있는 심리 검사였습니다. 그런데 최근 들어 열풍이라고 할 정도로 MBTI가 유행하게 된 것은 MBTI 자체

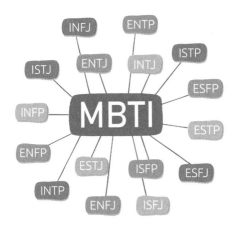

가 일종의 게임적 형태를 띠기 때문입니다. 도대체 MBTI가 어딜 봐서 게임이냐고 반문하는 사람도 있을 것입니다.

게임의 중요한 특징 중 하나는 어떤 행위를 했을 때 전혀 다른 감각 양식으로 변환돼 예상치 못했던 형태로 결과가 나온다는 것입니다. 풍선 던지기 결과가 스코어나 랭킹으로 나오는 것처럼요. 그럴 때 우리는 그 행위에 굉장히 열중하게 됩니다. 여러분이 곡괭이질을 하는데, 곡괭이에 사물인터넷, 즉 IOT 센서가 붙어 있어서 실시간으로 스마트폰에 '월드 곡괭이질 랭킹'이 나온다면 어떨까요? 아마 신기해서 하루 종일 곡괭이질을 할지도 모릅니다.

이러한 포맷이 MBTI에도 존재합니다. 제시된 질문에 10분

○ 타인의 마음을
이해하는 연습

가량 성실히 답을 하면 그 결과가 알파벳의 조합으로 나옵니다. 그리고 내 성향이 몇 퍼센트인지 비율까지 알려 줍니다. 이러한 특징이 우리로 하여금 MBTI에 몰입하게 만드는 것입니다.

사람들이 MBTI에 열광하는 또 하나의 이유는 자아를 찾기가 점점 힘들어지는 사회에 살고 있기 때문입니다. 세상은 점점 빠르게 변화하고 엄청난 정보의 홍수 속에 살고 있기 때문에, 나를 포함해 누군가를 쉽고 빠르게 평가할 수 있는 방법은 그 결과가 맞고 틀리고를 떠나서 굉장히 매력적으로 느껴질 것입니다. 누군가를 온전히 알기 위해서는 굉장히 오랜 시간과 노력을 들여서 관찰해야 합니다. 그런데 그러한 노력 없이 단 몇 분만에 상대를 파악할 수 있는 방법이 있다면 흥미가 생길 수밖에 없지 않을까요?

20년 전쯤엔 심리학자들도 MBTI를 집중적으로 연구했었습니다. 하지만 이제 MBTI를 활용한 연구는 거의 존재하지 않습니다. MBTI는 1900년대 초반에 활동했던 정신분석학자 칼 융의 이론을 기반으로 개발된 것이라고 알려져 있습니다. 하지만 융조차도 완전히 외향적인 인간과 완전히 내향적인 인간은 존재하지 않는다고 말한 바 있습니다. 사실 지구상에 살고 있는 수많은 사람을 16가지 유형으로 분류한다는 것 자체가 지나친 일반화라고 할 수 있습니다.

MBTI를 비롯해 각종 성향 테스트가 쏟아지고 있다. 가벼운 심리 테스트는 '자아 찾기'에 집중한 사람들의 모습을 대변한다. 심리학자들은 불안감이 높거나 자신에 대한 확신이 낮을수록 검사를 통해 내가 누군지, 어떤 사람인지 확인하려는 성향이 강하게 나타날 수 있다고 말한다. 한편 자아 찾기 열풍이 이토록 확산된 데는 테스트 결과를 SNS에 올려 공유하는 MZ 세대의 놀이 문화의 역할이 컸다는 지적도 있다.

심리학자가 보는 MBTI의 신뢰도

어떤 검사든 신뢰도와 타당도가 있어야 과학적인 검사라고 할 수 있습니다. 우선 신뢰도란 언제 해도 동일한 결과가 나와야 한다는 것입니다. 예를 들면, 저의 머리둘레 측정 같은 것입니다. 오늘 재든 내일 재든 그날 날씨나 저의 상태와 관계없이 같은 수치가 나올 테니 신뢰도가 높다고 할 수 있겠지요.

하지만 타당도는 조금 다른 문제입니다. 어떤 검사를 해서 도출되는 추론의 정확성과 적절성 평가와 관련된 것인데요, 쉽게 말해 '이 검사가 목적하는 것을 제대로 측정하고 있느냐'입

○ 타인의 마음을
이해하는 연습

니다. 저의 머리둘레는 무척이나 신뢰도 높은 측정치라고 말씀드렸는데, 머리둘레로 지능 지수를 판단한다고 하면 타당도가 높다고 할 수 있을까요?

이걸 MBTI에 적용해 보면, 10분 남짓 하는 간단한 테스트인 MBTI 결과를 어떤 사람의 평가 기준으로 삼는 것은 일견 타당도에 문제가 있어 보입니다. MBTI 검사 자체에 심각한 문제가 있다는 것이 아닙니다. 실제로 제가 1992년에 처음 MBTI 검사를 받았을 때 결과는 ISTJ였습니다. 그런데 2010년에 스스로 MBTI 검사를 했을 때는 엄청난 E로 나왔습니다. 왜 그런 걸까요?

1992년에 저는 대학교 4학년생으로 대학원 입학을 앞두고 엄청나게 집중해서 공부를 하고 있었습니다. 그로부터 18년 뒤인 2010년은 신임 조교수 시절을 벗어나 자유롭게 발언할 수 있는 부교수가 되었던 때입니다. 그런데 최근에 다시 검사를 해 보니 ISTJ가 나왔습니다. 워낙 외부 활동이 많다 보니 아내를 비롯한 주변에서 왜 이렇게 말을 많이 하느냐고, 집중하라는 얘기를 많이 듣거든요.

어떻게 ISTJ였던 사람이 2010년에는 ENTP가 되고, 지금 다시 ISTJ가 된 걸까요? 이를 통해서 검사를 실시했던 시기에 내가 어떤 사회적 모습으로 살고 있느냐가 MBTI 결과에 영향을 미친다는 것을 알 수 있습니다. 그러니 MBTI 결과로 어떤 사람을 평가하거나 미래를 예측하려고 해서는 안 됩니다.

그럴 경우 머리둘레를 가지고 지능 지수를 평가하려는 것처럼 타당도 차원에서 심각한 문제가 생길 수 있습니다. 게다가 신뢰도의 문제도 있습니다. MBTI 검사는 실제 내가 검사 전날이나 근래에 어떤 행동을 했느냐에 따라서 굉장히 영향을 많이 받을 수밖에 없는 문항들로 구성되어 있습니다.

결국 MBTI로 평가할 수 있는 것은, 그 사람이 '최근 몇 년 동안 어떤 사회적 모습으로 주로 살았는가'입니다. MBTI는 그 사람의 타고난 기질이나 본성, 발전 가능성, 업무 적합도를 판단할 수 있는 도구가 아닙니다. 게다가 여러분이 쉽게 접하는 MBTI 검사지는 저작권 문제 때문에 많은 문항이 생략되어 있거나 문장 표현이 변형된 것일 수 있습니다.

　○　타인의 마음을
이해하는 연습

정리하면, MBTI는 나쁜 검사라기보다는 오남용되고 있는 검사가 아닐까 합니다. MBTI로 알 수 있는 것이 한정되어 있음에도 많은 사람이 MBTI가 어떤 사람의 깊은 내면을 보여주고, 미래를 예측해 주는 검사라고 생각합니다. 안약은 눈에 넣으면 좋은 약이지만, 감기약으로 복용하면 큰일이 나겠지요? MBTI도 마찬가지입니다.

‖ 타인 혹은 나에 대해 알고 싶을 땐 어떻게 해야 할까

누군가에 대해 알고 싶다면 어떻게 해야 할까요? 그 사람을 파악할 수 있는 가장 효율적이고 빠른 방법은 무엇일까요? 그 사람이 무엇을 싫어하고 좋아하는지에 대해 서로 많이 이야기해 보는 것이 네 가지 알파벳으로 구성된 MBTI보다 더 효과적인 방법입니다.

한 친구가 저에게 "너는 어떤 사람을 제일 싫어해?" 하고 물었습니다. 한참을 고민한 후 이렇게 대답했습니다.

"내가 제일 싫어하는 사람은 한가한 사람이야. 나한테 관심이 너무 많아서 쓸데없는 것까지 보고 온갖 종류의 딴지를 나한테 걸어. 시시콜콜한 걸 물어보면서 뭘 못 하게 해. 나는 이런 사람이 제일 싫어."

이 대답을 통해 친구는 저의 가치관을 확인할 수 있었을 것입니다.

새 휴대전화나 자동차를 사도 작동하는 법을 익히고 익숙해지는 데 한참이 걸리는데, 어떻게 그보다 훨씬 복잡한 사람을 MBTI 유형, 알파벳 네 개로 판단할 수 있겠어요? 오랫동안 주의를 기울여 관찰해야 그 사람이 어떤 사람인지 파악할 수 있습니다.

나 자신에 대해 알고 싶은 경우 '일기 쓰기'를 권하고 싶습니다. 자아 성찰을 많이 했거나 위인의 반열에 오른 분들을 보면 일기가 남아 있는 경우가 많습니다. 일기를 보면 내가 어떤 사람인지 알 수 있습니다. 어떤 상황에서 무엇을 느꼈고, 어떻게 행동하고 반응했는지가 다 쓰여 있으니까요. 일기도 아주 오랜 시간 써야 합니다. 그래야 비로소 내가 어떤 사람인지 제대로 알 수 있습니다.

타인이나 나를 알고 싶다는 욕구는 결코 잘못된 것이 아닙니다. 모두 존중받아야 할 대상이에요. 하지만 그 욕구를 최대한 손쉽고 빠르게 해소하려 한다면, 그 방법까지 존중받기는 어렵습니다. 온·오프라인을 통해 다양한 사람을 보고 만나는 현대인들의 경우, 그런 유혹을 느끼는 것이 어쩌면 당연한 일인지도 모릅니다.

하지만 패스트푸드에 익숙해지면 슬로푸드의 가치를 못 알아보게 되듯, 손쉽고 빠른 방법에 익숙해지면 오래 정성을 들여 누군가를 알아 가는 시간이 아깝게 느껴질 것입니다. 누군가의 MBTI 유형을 알려 한다는 것은, 어쩌면 그를 깊게 알아 갈 수 있는 기회를 포기하는 것인지도 모릅니다. 결과를 듣는 순간 '아, 저 사람은 이런 성향이구나!' 하고 머리에 바로 새겨질 테니까요.

그래서 저는 친해지고 싶은 누군가 혹은 친구가 MBTI를 물어 오면 이렇게 답해 줍니다.

"오랫동안 만나면서 서로에 대해 알아 가는 것이 더 중요하지 않지 않을까? 나는 인간의 다양하고 심오한 측면을 그렇게 쉽게 판단하고 싶지 않아."

I면서 I라고 말하지 못하는 사람들

최근 뉴스를 통해 면접을 보거나 소개팅을 할 때 자신의 MBTI를 속인다는 이야기를 접했습니다. 사람들이 외향적인 것을 좋아하니 자신이 I, 즉 내성적인 성향의 사람이라는 것을 감춘다는 것입니다. 면접에서 내향형인지 외향형인지 묻는 것은, 외향적인 사람들이 사회적으로 왕성하게 활동하는 성향을 보이기 때문이겠지요. 어느 정도 이해는 갑니다.

하지만 모든 상황, 모든 보직에서 외향적인 사람이 필요할까요? 내향적인 사람이 가지는 장점도 많습니다. 그들은 집중력이 뛰어나고 깊은 사고를 합니다. 그래서 실수를 하는 일도 적지요. 실제로 우리가 아는 훌륭한 리더들 중에는 내향형의 사람이 무척 많습니다. 사회생활을 하다 보면 미묘하게 살짝만 선을 넘어도 이상한 상황이 되는 경우가 많은데, 그럴 가능성이 더 높은 것은 아무래도 외향적인 사람들일 겁니다.

외향형과 내향형의 차이

외향형	내향형
• 타인에게 쓸 수 있는 에너지가 많음 • 활발하고 적극적인 사람이라고 무조건 외향형은 아님 • 더 많은 사람을 만나기 때문에 사회적 성공에 유리함 • 사회적 에너지를 잘못 배분하면 극단적 언어나 파괴적 사고가 발현될 수 있으므로 적정선을 찾으려는 노력이 필요함	• 타인에게 쓸 수 있는 에너지의 양이 적음 • 내향형이라고 낯을 가리고 사람을 싫어한다는 것은 착각임 • 자신에게 초점이 맞춰져 있기 때문에 집중력, 자기 성찰 능력이 좋음 • 쓸 수 있는 사회적 자원이 한정되어 있어 사람을 많이 만났으면 혼자 있는 시간을 반드시 가져야 함

　　　○　타인의 마음을
이해하는 연습

심리학자들은 성공의 핵심은 외향, 내향의 차이보다는 개방성에 있다고 말한다. 개방성은 성격의 5요인 중 하나로 얼마나 자신과 다른 사람이나 다른 의견을 받아들일 수 있는가에 대한 것이다. 개방적인 사람은 내가 틀렸다는 것을 알게 해 주거나 새로운 사실을 알려 주는 사람과 교류하려는 특성을 지닌다. 외향적이면서 개방성이 높은 사람은 영업 등 네트워크를 활용하는 일에서 강점을 보이며, 연구 개발을 하는 과학자 중에는 내향적이고 개방성이 높은 사람이 많다. 외향 혹은 내향은 타고나는 것이라 살면서 바뀌지 않을 가능성이 높다. 하지만 개방성은 후천적인 노력으로 바꿀 수 있다.

이렇듯 두 성향 모두 장단점이 존재하니, 어느 한쪽만 좋다고 말하기보다는 어떤 상황에서 어느 쪽의 성향이 좋을지 더 세부적이고 구체적으로 생각해 보는 것이 현명한 판단 아닐까요? 사실 우리 인간은 내향-외향, 감각-지각, 직관-이성, 이런 식으로 분류하기엔 너무 복잡하고도 미묘한, 정말 경이로운 생명체입니다. 그러니 우리에게 필요한 것은 나의 성향을 파악해 장점을 살리고 단점을 보완하는 것이겠지요.

거듭 말씀드리지만, MBTI가 나쁘다거나 하지 말라는 이야기가 아닙니다. '나'라는 엄청난 우주를 열여섯 가지의 성격 유형에 맞춰 재단하거나 판단하는 오류를 범하지 말라는 것입니다. 그래도 진짜 내가 궁금하고 알고 싶다면 다양한 심리 검사를 여러 번 해 보라고 권하고 싶습니다. 한 가지 면만 보고 판단하기에 인간은 너무 복잡한 존재이니까요.

심리학에서 사용되는 성격 검사 가운데 잘 알려져 있는 하나는 5요인Big-5 성격 검사입니다. 행동과 판단 성향을 가장 잘 구분하는 성격 특징을 5개 요인으로 나누어 측정하는데, 개방성, 성실성, 우호성, 외향성 그리고 신경성이 그것입니다. 꽤 오랫동안 개발돼 왔고, 그 사람의 타고난 성격적 측면들을 MBTI보다는 덜 흥미롭지만, 보다 더 정확하게 이야기해 줍니다.

성격의 5요인

타인의 마음을
이해하는 연습

이외에도 다양한 검사가 있지만, 문제는 어떤 검사든 말로 물어보고 대답을 한다는 것입니다. 어떻게 말하느냐에 따라 검사 결과는 조금씩 달라질 수밖에 없지요. 어쩌면 가장 큰 문제는 검사 도구가 아니라 검사를 맹신하는 우리의 단순한 마음이 아닐까요?

낯선 사람과의 만남이
두렵다면

#대인기피

#콜포비아

#반응과결정

　　사회생활을 하다 보면 전공이나 직종과 관계없이 잘 모르는 사람과 만나서 무언가를 해야 할 때가 있습니다. 그런데 낯가리는 성격 때문에 새로운 사람과 만나는 것이 너무 떨리고 두렵다는 사람들이 생각보다 많습니다. 낯선 사람과 만나 대화하는 상상만으로도 힘든 사람들에게는 일을 하거나 공부를 하는 내내 이것이 상당한 스트레스로 다가올 것입니다. 심한 경우 직접 만나는 것뿐 아니라 낯선 사람과 전화하는 것도 힘들

○　타인의 마음을
이해하는 연습

다고 호소하는 사람도 있습니다. 왜 이렇게 낯을 가리게 되었을까요? 그리고 어떻게 하면 낯선 사람과의 만남이 주는 두려움에서 벗어날 수 있을까요?

‖ 낯선 사람과 만나는 것이 힘든 이유

우리가 낯선 사람과의 만남을 힘들어하는 이유는 상대방의 다음 행동을 전혀 예측할 수 없기 때문입니다. 인간은 예측하기 어려울 때 불안을 느낍니다. 예측할 수 없는 상황이 불안감을 만들고, 그러한 불안을 남들보다 크게 느끼는 경우 잘 모르는 낯선 사람과의 대화를 두려워하게 되는 것이지요.

자신과 말하게 될 사람의 사소한 측면을 알지 못한다는 것은 낯가림이 심한 사람들에겐 의외로 꽤 큰 불편함입니다. 화를 잘 내거나 거칠게 말하는 사람이라도 아는 사이라면, 아예 모르는 사람보다 얘기하기가 더 편하다고 생각할 수 있습니다.

왜냐하면 대화 분위기가 좋지 않더라도 적어도 아는 사람은 예측할 수 있기 때문이지요.

한편 사람들이 점점 문자나 메신저 등 텍스트로 말하는 것이 더 편하다고 생각하는 이유는 무엇일까요? 낯선 사람과의 대화를 힘들어하는 사람은 예측이 안 되는 상황을 어려워한다고 말씀드렸지요? 그 원리와 마찬가지입니다. 전화로 말하는 것은 이들에게 더더욱 상대를 예측하기 힘든 상황일 수 있습니다. 전화 통화로는 눈빛이나 표정, 손짓 같은 무언의 언어들을 눈으로 읽을 수 없기 때문에, 상대로부터 대화의 분위기에 대한 실마리를 전혀 얻을 수 없습니다. 그러니 상대방이 말하는 의미를 더 읽기 힘들다고 생각하는 것입니다.

그런데 왜 메신저는 편안해하냐고요? 요즘은 온라인에서 점점 더 많은 정서적 단서를 쓰는 것이 가능해졌으니까요. 여러 기호를 비롯해 활용할 수 있는 이모티콘이 많아졌습니다. 그러다 보니 자신이나 상대방의 감정을 조금 더 읽을 수 있다고 생각하는 것이지요. 그리고 메신저에서는 어떤 반응이 왔을 때 즉각적으로 대응하지 않아도 되니, 생각할 여유가 주어집니다. 똑같이 상대의 반응을 눈으로 읽을 수 없어 힘들지만, 전화 통화처럼 바로바로 반응하지 않아도 되니 전화보다는 텍스트로 말하는 것이 더 편한 것입니다.

○　타인의 마음을
이해하는 연습

최근 급증하고 있는 전화 공포증, '콜포비아'는 그 자체가 정신과
적 질환이라기보다는 낯선 사람과의 만남, 발표, 연주 등의 사회
적 상황에서 불안과 공포를 느끼는 사회 불안 장애의 한 가지 증
상이다. 실제로 '콜포비아'를 호소하며 병원을 찾는 경우는 극히
드물지만, 사회 불안 장애 증상으로 진료받는 이들 중 콜포비아
를 호소하는 경우는 적지 않다고 한다. 사회 불안 장애는 의외로
주위에서 흔하게 볼 수 있다. 미국 국립정신건강연구기관에 따르
면, 성인 미국인 중 천오백만 명 정도가 사회 불안 장애를 겪는다
고 한다.

‖ 그럼에도 낯선 사람을 만나야 하는 이유

낯선 사람과의 대화를 힘들어하는 분들에게 소개해 드
리고 싶은 연구 논문이 있습니다. 최근에 낯선 사람과 대화하
는 것이 큰 힘이 될 수 있다는, 믿기지 않는 연구 결과가 발표
되었습니다.

보통 서로 모르는 사이라면 상대의 생각에 별 관심이 없을
거라고 생각하는 것이 일반적입니다. 그런데 미국 노스웨스턴

대학교의 심리학자 마이클 카다스Michael Cardas 박사 연구진이 발표한 이 연구는 생면부지의 누군가와 의미 있는 대화를 나누는 것이 정신적 행복감뿐 아니라 통찰력을 높인다는 사실을 보여 주고 있습니다.

연구진은 천팔백 명 이상의 참여자를 대상으로 열두 가지 실험을 진행했습니다. 일단, 낯선 사람끼리 짝을 이뤄 가벼운 주제 혹은 깊은 주제로 토론을 하도록 했습니다. 부담 없는 주제로는 "지난달에 본 TV 프로그램 중 가장 좋은 것은 무엇인가요?" 혹은 "오늘 날씨에 대해 어떻게 생각하나요?" 등의 가벼운 이야기가 다뤄졌습니다. 반면, 깊은 주제로는 "다른 사람 앞에

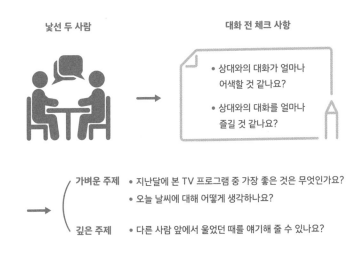

낯선 두 사람

대화 전 체크 사항

• 상대와의 대화가 얼마나 어색할 것 같나요?
• 상대와의 대화를 얼마나 즐길 것 같나요?

가벼운 주제
• 지난달에 본 TV 프로그램 중 가장 좋은 것은 무엇인가요?
• 오늘 날씨에 대해 어떻게 생각하나요?

깊은 주제
• 다른 사람 앞에서 울었던 때를 얘기해 줄 수 있나요?

○ 타인의 마음을
이해하는 연습

서 울었던 때를 얘기해 줄 수 있나요?"와 같이 그 사람의 깊은 감정이 담긴 이야기를 나누게 했습니다.

이 두 가지 유형의 대화를 하는 참가자들에게 연구자들이 먼저 물어본 것이 있습니다. 대화를 나누기 전에 상대와의 대화가 얼마나 어색할 것인지를 예측하게 했습니다. 그리고 얼마나 대화를 즐길 것 같은지도 예측해 보라고 했습니다. 대화를 마친 뒤에는 실제로 대화가 얼마나 어색했는지와 얼마나 즐거웠는지를 평가하게 했습니다.

결과는 매우 흥미로웠습니다. 참가자들은 대부분 실제 대화

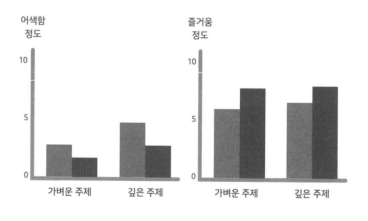

에서 자신이 예상한 정도보다 덜 어색함을 느꼈고, 자신이 기대했던 것보다 더 즐거웠다고 대답했습니다. 그런데 중요한 점은 이러한 효과가 깊이 있는 대화를 나눈 뒤에 더 뚜렷하게 나타났다는 것입니다.

그래서 연구진은 추가적으로 실험을 진행했습니다. 추가 실험에서는 2명의 상대와 번갈아 대화하면서 한 상대와는 깊은 대화를, 또 다른 상대와는 가벼운 대화를 나누도록 했습니다. 여러분이라면 어떤 대화가 더 편하고 좋다고 느꼈을까요? 실제 실험에 참가한 사람들은 낯선 사람과 깊은 대화를 하는 것을 더 선호했습니다.

낯선 사람과의 대화가 나를 성장시킨다

낯선 사람과 속 깊은 대화를 하는 것이 어떻게 우리 삶에 긍정적인 영향을 끼치는지 의아한 사람도 있을 겁니다. 하지만 곰곰이 생각해 보면, 실제로 우리는 정신적으로 도움이 필요할 때 깊은 주제를 가지고 낯선 사람과 이야기를 나눕니다. 그게 바로 심리 상담입니다. 그런데 이것이 왜 도움이 되는 걸까요?

○ 타인의 마음을
이해하는 연습

우선 상대방이 낯선 사람일수록 내 문제를 쉽게 설명할 수밖에 없습니다. 그리고 쉽게 설명하는 과정에서 이야기는 점점 더 조리 있게 다듬어지게 됩니다.

둘째, 이 과정을 통해 자신의 감정을 스스로 다시 한번 정리할 수 있게 됩니다. 나에 대해 전혀 모르는 타인에게 제대로 설명하기 위해, 자신의 상황을 좀 더 객관적으로 보게 되는 것입니다.

심리학자들이 많이 하는 말 중에 '대상이 바뀌면 설명의 방식도 바뀐다'라는 말이 있습니다. 일례로 전자계산기가 뭔지 유치원생에게 설명한다면 '더하기, 빼기를 쉽게 해 주는 기계'라고 하겠지만, 물리학도나 전자공학과 학생에게는 그렇게 설명할 수 없겠지요.

내 감정도 마찬가지입니다. 친한 사람한테 말할 때는 정말 간단하고 쉽게 설명할 수 있습니다. 하지만 낯선 사람에게 말할 때는 객관화해 설명하면서 스스로 문제를 정의할 수 있게 됩니다. 대상이 바뀌면 설명의 방식도 바뀌기에, 좀 더 다양한 시각으로 자신을 바라보게 되는 것은 당연한 이치인지도 모릅니다.

앞서 설명했듯 우리가 낯선 사람과의 대화를 두려워하는 이유는 예측할 수 없기 때문입니다. 뒤집어 보면 그렇기 때문에 더 많은 준비를 해야 한다는 뜻이기도 합니다. 미처 파악하지 못한 변수까지 대비해야 하니까요.

그러니 이렇게 생각해 보면 어떨까요? 낯선 사람과의 대화가 어려우면 어려울수록 이들과의 만남이 나를 조금씩 성장시키는 과정이 될 거라고요. '이 만남과 대화를 통해 나는 좀 더 성장할 거야'라고 마인드컨트롤을 해 보는 것은 그 두려움을 극복하는 데 상당한 도움이 될 것입니다.

그래도 여전히 낯선 사람과의 만남이 두렵다면

그래도 여전히 낯선 사람과의 만남과 대화가 두려운 사람들을 위해 팁을 하나 알려 드리겠습니다. 업무상 낯선 사람을 만나거나 전화통화하는 일을 피할 수 없는데 너무 두렵다면, 그 일은 언제 하는 것이 좋을까요? 본인이 타이밍을 선택할 수 있다면 아침에 업무를 시작하자마자 하는 것이 좋습니다. 왜냐하면 오전은 여러분이 일어나서 혹은 출근해서 가장 에너지가 있는 시간이기 때문입니다. 그것은 상대방 역시 마찬가지겠지요. 에너지가 있을 때 어려운 일을 하는 것이 좋다는 건 너무나 당연한 말인지도 모릅니다.

타인의 마음을
이해하는 연습

오전에 어려운 미팅이나 통화를 하면 좋은 점이 하나 더 있습니다. 부담스럽거나 두려운 일은 뒤로 미루면 미룰수록 부담감과 두려움이 더 커집니다. 하기 힘든 그 일을 하는 고통에 대한 상상이 고통을 두 배로 만드니까요. 그래서 이로 인해 하루를 모두 망쳐 버리는 일도 생길 수 있습니다. 그러니 피하거나 미루지 말고 일찍 해 버리는 것이 낫습니다.

그리고 낯선 사람과 대화해야 하는 순간이 다가온다면 미리 꼭 해야 하는 것이 있습니다. 전날 푹 쉬어야 합니다. 그래야만 에너지가 좀 더 많이 축적된 상태가 될 테니까요.

지쳐 있을 때는 정말 아무것도 하고 싶지 않습니다. 1미터 앞에 있는 리모컨을 집으러 가는 길이 9만 리처럼 느껴지지요. 게다가 지쳐 있을 때는 불안한 상상도 더 커집니다. 지친 상태에서는 아는 사람과도 대화하기가 힘든데 하물며 모르는 사람과 대화를 어떻게 할 수 있겠습니까? 친화력과 사회적 기술이 많은 사람도 지쳐 있을 때는 쉽지 않은 일입니다. 그러니 충분한 에너지와 정신적 자원을 비축해 놓고 준비하는 것이 필요합니다.

낯선 사람을 만날 때 자꾸 두렵다고 느끼는 건 자연스러운 반응입니다. 심리학자인 저도 예외는 아닙니다. '그럼에도 용기를 내자'라고 하는 것은 결정입니다. '반응'과 '결정'은 완전히 다릅니다. 둘은 발생 순서도 완전히 달라요. 반응은 누구에게나 일어나는 것입니다. '낯선 사람을 만나는데 두렵다'는 반응은 사람마다 정도의 차이는 있을지 몰라도 누구에게나 일어납니다. 하지만 '두렵지만 만나서 얘기를 하자'는 결정은 내가 하는 것입니다.

두려움뿐 아니라 '우울'도 마찬가지입니다. 누구나 우울할 때가 있습니다. 하지만 그 대처는 사람마다 다릅니다. 계속 우울할 수도 있고, 스스로 우울에서 빠져나오기로 '결정'할 수도 있습니다. 나 자신을 컨트롤할 수 있다면, 스스로 결정을 바꾸는 것도 가능합니다.

낯선 사람을 만나기 전에 '두려워' 또는 '부담돼'라고 생각하는 것은 자연스러운 반응입니다. 그리고 거기서 그렇게 반응하고 끝내 버릴 수도 있겠지요. 하지만 '그래도 이겨 내서 한번 만나 보자'라고 하는 것은 여러분의 결정입니다.

그렇다고 '무조건 용기를 내야 해.' '용기를 안 내면 이상한 거야'라고 말하고 싶은 것은 아닙니다. 하지만 한 번이라도 용기를 내 봐야 또 다른 비슷한 상황이 왔을 때 용기를 낼지 말지 혹은 그럴 필요가 있는지 없는지 결정할 수 있습니다. 그 후는 개인의 성향에 따라 다를 수 있겠지요. 다만 처음부터 '반응'으

타인의 마음을
이해하는 연습

로 끝나지 않도록, 스스로 '결정'할 수 있도록 한번 용기를 내 봤으면 좋겠습니다.

짜증 많은 상사의
먹잇감이 되지 않는 법

#신경질보호막
#날카로움
#부정적언어습관

별다른 말도 아닌데 말을 걸 때마다 신경질을 내고, 같은 말을 하는데도 묘하게 짜증이 묻어나는 사람이 있습니다. 그래서 그 사람에게는 말을 붙이기가 힘듭니다. 그 사람과 얘기하다 보면 '뭔가 나한테 화난 게 있나?' 하는 생각이 들고, 결국 대화 끝에는 불쾌함만 남게 됩니다.

그런데 사실 이렇게 신경질적인 사람은 어느 단체나 직장, 심지어 친구 모임을 가도 꼭 한 명씩은 있습니다. 대체 이들은

○ 타인의 마음을
이해하는 연습

왜 이렇게 날카로워져 있고, 말끝마다 신경질과 짜증이 묻어나
는 걸까요?

나를 지키기 위한 전략으로 신경질을 택한 사람들

여러 이유가 있겠지만, 이들이 이렇게 행동하는 이유를
찾으려면 대체로 어린 시절까지 거슬러 올라가야 합니다. 왜냐
하면 그렇게 말하면 안 된다고 하는 언어 교정을 받지 못해서
일 가능성이 높기 때문입니다. 너무 귀하게 자라서일 수도 있
고, 부모나 양육자 등 주변 사람이 언어 습관에 무심했을 수도
있습니다. 적절한 시기에 언어 교정을 받지 못해서 남들이 불
편하게 느낄 수 있는 말투를 계속 사용하게 된 것이지요.

한편, 나를 지키기 위한 방법의 하나로 자기도 모르게 짜
증이나 신경질을 선택한 경우도 있습니다. '자기도 모르게'라
는 말을 쓴 것은, 부지불식간에 그것이 자기를 편하게 만든다
는 것을 알아내고 습관적으로 사용하게 되었다는 것을 의미합
니다.

웃을 때마다 좋은 결과가 일어난다는 것을 배운 사람은 잘
웃게 됩니다. 심지어 웃는 얼굴을 해서 결과가 나빴던 때조차

'신경질 보호막' 씌우기

도 '내가 제대로 안 웃고 이상하게 웃었나?' 하고 생각합니다. 이들은 자신이 살아남는 주요 전략으로 '웃는 전략'을 택한 것입니다.

이렇듯 웃는 것을 생존 전략으로 택한 사람들은 상황이나 대상에 따라 웃는 방법을 달리하는 등 웃는 법을 아주 정교하게 발달시켜 나갑니다. 그리고 그것을 다른 사람들과 관계를 맺거나 대화의 물꼬를 트는 방법으로 사용합니다. 즉, 이것과 같은 목적으로 짜증이나 신경질을 선택하는 경우도 있다는 것이지요. '우는 아이 떡 하나 더 준다'는 속담이 왜 나왔겠어요? 이 방법이 잘 통한다는 것을 알고, 어떻게 신경질을 내야 내가 뜻하는 대로 될까 하며 감정을 세부적으로 조절한다는 것이지요.

타인의 마음을
이해하는 연습

▌이 순간에도 누군가는 지옥을 견디고 있을지 모른다

신경질적인 사람이 조직에 있을 때 가장 큰 문제는 심각한 피해자가 꼭 한 명은 발생한다는 것입니다. 그들은 의외로 사람을 찍어 놓고 이런 일을 합니다. 항상 짜증 난 상태이고 누구에게나 짜증을 내는 것 같지만, 결국 자신의 '짜증을 받아낼 사람'을 정해 놓고 있다는 것이지요. 왜냐하면 이런 사람이 있다는 것을 알면 대부분 피해 다닐 테니까요.

그래서 업무상 피할 수 없거나 위치적으로 너무 가까워서 피하기 어려운 사람, 그중에서도 '웃는 사람'이 이들의 먹잇감이 됩니다. 자신과 같은 방법을 쓰지 못하는, 같이 삿대질하지 못하는 사람이지요. 전형적으로 이런 사람들은 자신과 비슷한 사람에 의해 부스팅boosting되고, 전혀 다른 사람을 먹잇감 삼아 생존한다고 볼 수 있습니다. 그러니 이들이 있는 조직은 분명 어떤 한 사람이 지옥 같은 상황을 버티고 있다고 보아도 지나치지 않습니다. 그렇기에 그런 피해자가 어디 있는지를 계속해서 살펴야 합니다.

이렇듯 신경질을 내는 사람이 나와 친하지 않다면 확 거리를 두면 됩니다. 하지만 나와 친하거나 능력적으로 필요한 사람이라면 이렇게 짜증을 내는 것이 궁극적으로 문제를 해결하는 방법이 될 수 없고, 도리어 문제를 악화시킬 수 있음을 알려 줘야 합니다. 하지만 그렇게 하는 데는 대단한 용기가 필요합니다. 실제로 아이들에게나 가능한 일이기도 하고요.

"아빠가 이거 사 주려고 했는데, 네가 짜증을 너무 심하게 내서 사 주지 말아야겠다." "네 말을 들어주려 했는데, 불필요하게 화를 내서 안 해 주는 거야." 여기에서 중요한 점은 '불필요하게'와 '너무 심하게' 같은 정도를 나타내는 부사를 꼭 넣어 줘야 한다는 것입니다.

'화를 내서 안 사 주는 거야'와 '화를 너무 심하게 내서 안 사 주는 거야'는 완전히 다른 말입니다. 전자의 경우는 '화를 내면 안 되겠다'고 하는 이분법적 사고로 이어지지만, 후자의 경우는 '내가 어느 정도로 화를 내야 적정한 걸까'라고 생각하게 만듭니다.

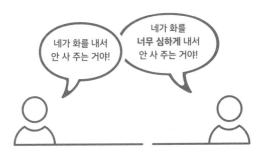

= '화를 내면 안 되겠네.' = '내가 어느 정도로 화를 내야 적정한 걸까?'
= 이분법적 사고 = 적절한 감정 표현, 정교한 사고

○ 타인의 마음을
이해하는 연습

신경질적인 사람에게 하면 안 되는 질문

그렇다면 어른의 경우에는 어떻게 해야 할까요? 그 사람이 짜증을 내서 불편하다는 건 상대가 필요 이상으로 강하게 이야기한다는 것입니다. 그럴 때는 그 사람의 부사를 조절해 주기 위해 먼저 '지금 당신이 내뱉은 짜증이 어느 정도인지'를 물어봐야 합니다. 마냥 상대의 눈치를 보거나 무작정 맞받아치면, 그 사람은 이것이 어느 정도의 문제인지 모르게 됩니다. 짜증을 내거나 신경질을 부렸을 때 상대가 일순간에 피하거나 자신의 요구를 들어주거나 둘 중 하나를 취해 버리니 '이 방법을 자주 써먹어야겠다'고 생각하는 것입니다.

항상 상습적으로 화를 내서 자기에게 유리한 위치를 만들려고 하는 사람에겐 '어느 정도로, 어디가, 어떤 건지 이야기해 주세요'라고 정색하고 물어야 합니다. 그러면 그 사람은 아주 심각한 함정에 빠지게 됩니다. "다 마음에 안 들어!" 하고 나가면 그 순간 '성격 파탄자'가 되고, "○○ 때문이야"라고 하면 자신이 과도하게 화를 냈다는 것이 들통나 버리니까요.

이때 가장 피해야 할 것은 "왜 짜증을 내세요?" "왜 화가 나셨어요?"라고 묻는 것입니다. '왜'를 물으면 상대는 감정을 내보이기 쉬워집니다. '네가 일하는 자세가 글러 먹어서 그런 거야'라고 말하기 쉬워진다는 거지요. 그러면 어디에도 단서는 없고 말하는 사람의 책임도 없습니다. 그런데 '어디가, 어떻게' 를 물으면 일만 놓고 이야기하겠다는 것이 됩니다. 상대가 여러분의 감정이나 태도, 자세를 문제 삼기가 어려워집니다.

서류를 보면서 짜증을 내는 상대에게 "어느 페이지, 어떤 부분이 마음에 안 드시는지 말씀해 주시면 반영하겠습니다"라고 했을 때 '너희가 이러이러해서 그래'라는 식으로 답하면 짜증 내는 사람이 함정에 빠지는 겁니다. 반면에 "왜 그렇게 마음에 안 드세요?"라고 대응하면 "일을 이딴 식으로 하니 그렇지." 하며 상대에게 유리한 방향으로 화를 키우는 결과를 초래하게 됩니다. 결국 신경질 내는 사람의 술수에 말려들게 된다는 것이지요.

그러니 '왜?'라는 말은 결코 사용해선 안 됩니다. 특히 상대가 나보다 더 윗사람이거나 일의 주도권을 잡을 수 있는 위치에 있다면 이 방법은 더욱 유효합니다.

신경질적인 권력자의 특성 파악하기

신경질적인 사람이 나의 직장 상사라면 무조건 피하고

타인의 마음을
이해하는 연습

싶겠지요. 그 마음 이해합니다. 하지만 매번 피하면 상대도 눈치를 챕니다. 여러분이 도망 다니는 걸 알면 더 구석으로 몰아넣고 괴롭힐 수도 있습니다. 그래서 적당히 반응해야 할 때와 피할 때를 찾아서 이를 구분하는 것이 중요합니다.

그러기 위해서는 신경질적인 권력자의 특성을 먼저 알아야 합니다. 권력자는 자기가 주로 쓰는 손, 오른손을 좋아한다는 말을 많이 합니다. 무슨 뜻인가 하면, 자신이 권력을 쥐고 있다고 생각하는 사람들은 같은 글씨를 쓰거나 같은 물건을 들어도 오른손으로 할 때 불평을 덜 한다는 것입니다. 반면, 권력을 쥐고 있지 않다고 생각하는 사람들은 왼손으로 글을 쓰게 해도 그런가 보다 하며 넘어갑니다.

그리고 권력자들은 익숙한 일에는 짜증을 덜 냅니다. 신경질적인 상사도 마찬가지겠지요. 자신이 익숙한 일이나 일상적으로 해 왔던 숙달된 일을 하면 평상시보다 짜증이나 신경질을 덜 낸다는 것입니다. 그러니 늘 피해 다닐 수 없다면, 상사에게 익숙한 일, 늘 같이 해 왔던 능숙한 일을 할 때 파트너가 되는 것이 그나마 여러분을 덜 위험하게 만들 것입니다.

반면 그 신경질적인 상사가 새로운 업무에 도전한다면, 최대한 마주치지 않는 것이 상책입니다. 그래도 함께 일할 수밖에 없는 상황이 벌어진다면, 그때는 앞서 설명한 대로 최대한

'왜?'를 배제한 언어를 사용하기 바랍니다.

그렇다면 내 친한 친구가 이런 사람일 때는 어떻게 대처해야 할까요? 신경질적인 사람들의 특징은 부정적인 화법을 자주 쓴다는 것입니다. 가령 "아니, 됐고." "아니, 아니." 이런 말들 말입니다. 그 친구가 아주 친하다면 그의 말투를 한 번 따라 해 보세요. 그걸 듣고 친구가 "너 왜 그래?" 하며 불편해한다면, 그때 네 말투가 바로 그렇다고 알려 주는 겁니다.

아주 친하지 않은 사이라면 이 방법도 곤란하겠지요? 부정적인 말을 쓰는 사람에게는 그 말을 쓸모없게 만들어 주는 게 필요합니다. "그 말이 무슨 뜻이야?"라고 물어보는 것이지요.

상습적으로 "아, 됐고"라는 말을 한다면 그 사람에게는 그 말이 단순한 리액션일 수 있습니다. 그럴 때 "'아, 됐고'가 무슨 뜻이야?"라고 가볍게 제동을 걸어 주면, 그는 자기 말의 부정적인 의미를 돌아볼 수 있게 될 것입니다.

신경질이 많으면 꼭 나쁜 사람일까

짜증이 많고 신경질을 내는 것이 꼭 나쁘기만 한 걸까요? 부정적인 시선으로만 볼 필요가 없다고 말씀드리고 싶습

○ 타인의 마음을
이해하는 연습

니다. 신경질이 많은 그 사람은 사실 굉장히 많은 능력을 가지고 있는 사람일 수 있습니다. 물론 앞서 설명한 대로 신경질을 문제 해결 방법으로 쓰는 사람일 수도 있지만, 반대로 타고나게 예민한 신경 시스템을 가진 하일리 센서티브 피플highly sensitive people일 수도 있습니다.

덴마크의 심리치료사인 일자 샌드Ilsa Sand는 《센서티브Highly Sensitive People in an Insensitive World》라는 책에서 정말 예민한 사람들은 우리가 보지 못하는 것을 보기 때문에 부정적인 측면에 대한 이야기를 더 많이 할 수밖에 없다고 말합니다. 그리고 이렇게 예민한 사람들의 또 다른 특징 중 하나가 기대 수준이 높다는 것입니다. 특히 전문적인 직업이나 예술 분야, 아주 정밀함을 요하는 일에 종사하는 사람들 중에 그런 경우가 많습니다.

신경질과 짜증을 그지 문제 해결 방법으로 쓰는 사람들은 피하거나 관리하면 됩니다. 하지만 예민해서 나보다 더 많은 걸 보고 느낄 수밖에 없는 경우라면, 그 사람이 가진 재능으로부터 나오는 부정적인 언행일 수 있습니다. 내게 없는 능력을 가지고 있으니 회피가 아니라 공존해야 할 대상인 것이지요.

어떻게 하면 남들보다 예민한 감각을 타고나 짜증과 신경질이 많아진 이들과 공존할 수 있을까요? 속도를 맞춰 주는 것이 필요합니다. 사실 이들은 느릴 수밖에 없는 사람들입니다. 모든 것에 신경질을 내는 것처럼 보이지만, 이런 사람들은 자기 기준보다 일이 빨리 끝날 때 신경질을 내는 경우가 많습니다. "가만히 있어 봐. 아직 아니잖아!" 하는 사람들이지요. 트집 잡고 발목 잡는 것 같지만 그들 기준에서는 아직 일이 끝나지 않는 것입니다. 지체되는 것처럼 보여 재촉하면 이들은 2차적으로 신경질을 내게 되어 있습니다.

예민한 이 사람들을 존중하고 만족시킬 수 있는 방법은 두 가지입니다. 만약 여러분이 더 선배이고 상사 또는 권위자라면 "여기까지가 딱 괜찮아"라고 단호하게 이야기해야 합니다. 하지만 반대의 경우라면 그 사람이 붙들고 있는 시간에 의미를 부여해 줘야 합니다. "부장님, 정말 이 일은 한 세 시간은 해야 하는 일이었군요." 하고 말이지요.

예민한 사람들은 이런 말에 감동을 받습니다. 왜냐하면 실제 그들은 그 정도의 시간이 필요하다고 느끼기 때문입니다. 그리고 자기가 쓴 시간을 존중해 주고 속도를 맞춰 주는 여러분을 배려심과 안목이 있는 사람이라고 존중하게 되지요.

마지막으로, 습관적으로 신경질을 내는 사람들한테는 건조함이 최고의 대처 방안이라는 것, 꼭 기억하기 바랍니다.

예민한 사람 대처하는 법

예민한 사람은 감정적이다. 하지만 예민한 사람들이 삶의 모든 부분에서 감정적인 것은 아니다. 성장한 사람들은 보통 7개의 눈금을 가지는데, 예민한 사람들의 경우 어떤 감정에서 그 눈금이 2개밖에 없다. 즉, '좋다' 혹은 '나쁘다'밖에 없는 것이다. '자존심'이라는 감정에 눈금이 2개밖에 없다면, 자존심을 살짝 건드리기만 해도 예민해질 것이다. 그러니 감정적인 사람을 대할 때는 상대 마음의 눈금에서 촘촘한 영역이 어딘지를 살펴봐야 한다. '자존심'에는 눈금이 2개인 사람도 '섭섭함'이라는 감정에는 눈금이 촘촘할 수 있다. 그렇다면 자존심을 건드리는 말 대신 섭섭함을 표현하는 말로 바꿔서 대화해 보자. 그러면 상대의 예민함이 한결 누그러질 것이다.

'라떼'를 그리워하는
사람의 심리

#뉴트로
#추억순기능
#효능감
#거울뉴런

싸이월드가 서비스를 다시 시작하면서 그 시절 사진첩, 일기장을 복구해 추억을 즐기는 것이 유행이 되었습니다. 흑역사로 느껴지는 사진도 있겠지만, 많은 분이 예전 사진을 SNS에 게시하면서 과거의 자신을 회상하더라고요.

실제로 우리는 친구들과 만나 과거 이야기를 할 때 즐거움을 느낍니다. 누군가와 만나 무척 즐겁게 대화를 나누었다면, 아마 그 사람과 나눈 대화의 반 이상은 예전에 겪었거나 함께했

○ 타인의 마음을
이해하는 연습

던 일일 겁니다. 대화 상대가 초등학교, 중·고등학교 동창이라면 더욱 그렇겠지요. 옛날 이야기는 해도 해도 재밌습니다. 심지어 군대 얘기까지도요! 우리는 왜 점점 '라떼' 얘기를 할 때 즐거워지고, 예전 그 시절을 그리워하게 되는 걸까요?

뉴트로 열풍의 이면에 있는 심리

코로나 팬데믹 이후 새롭게 주목받고 있는 키워드 중의 하나가 바로 '뉴트로'입니다. 뉴트로는 레트로, 그러니까 복고를 새롭게 재해석해 즐기는 트렌드를 뜻하는 신조어입니다. 워낙 많이들 사용하고 있어 신조어라고 하기도 어색할 정도입니다. 수많은 기업에서 뉴트로 상품을 출시하고, 또 뉴트로를 원하는 고객들이 그 상품을 소비하고 있습니다. 코로나 팬데믹으로 인해 모두가 위기감을 느끼는 때에 복고가 더 사랑받았던 이유는 무엇일까요?

복고의 핵심에는 '추억'이 있습니다. 상당수 연구에 따르면, 추억은 과거에 일어난 일이기는 하지만 미래의 에너지를 만들어 낸다고 합니다. 즉, 옛 기억을 떠올리면서 내일을 살아갈 힘을 얻는다는 뜻입니다. '라떼는 말이야' 하면서 과거를 떠올리는 게 왜 우리에게 힘이 될까요?

이와 관련해 재미있는 연구가 있습니다. 코넬 대학교의 저명한 심리학자 토머스 길로비치Thomas Gilovich 교수가 1995년 발표한 것으로, 인간의 후회에 관한 다양한 연구가 망라되어 있습니다. 길로비치 교수 연구진은 먼저, 여러 연구에서 '당신이 후회하는 것은 무엇이며 얼마나 후회하는가'를 질문한 후 사람들이 대답한 결과를 두 종류의 후회로 구분했습니다.

첫 번째는 하지 않은 일에 대한 후회입니다. '그때 공부를 더 많이 했어야 하는데.' '그 사람에게 더 신경을 썼어야 하는데.' 같은 것이 여기에 해당하겠지요. 두 번째는 했던 일에 대한 후회입니다. 예를 들면 '결혼을 하지 말았어야 했는데.' '그 회사에 들어가지 말았어야 했는데.' 등이 있겠지요.

그런데 매우 흥미로운 결과가 관찰되었습니다. 나이를 먹을수록 하지 않은 일에 대한 후회가 했던 일에 대한 후회보다 훨

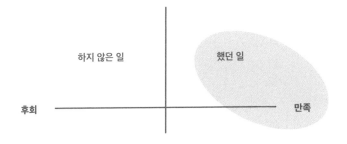

○ 타인의 마음을
이해하는 연습

씬 크다는 것입니다. 심지어 한 일의 결과가 실패였다 해도 말이지요. 했던 일은 결과가 나빴다 해도 추억이라고 느끼는 것입니다.

남성들에게 군대 생활이 여러모로 힘들었지만 추억이 되는 이유도 여기에 있습니다. 무언가를 했기 때문입니다. 그러니까 미래에 무언가를 하게 만드는 에너지로 연결도 쉬운 것이지요.

보통 '후회'의 반대말은 '만족'이라고 생각합니다. 그러니 했던 일을 이야기하는 것은 후회보다는 만족에 가까운 기제가 되겠지요?

추억은 현재의 고통도 줄여 준다

실제로 추억이 우리에게 아주 강력한 영향을 미친다는 연구 결과가 최근 신경과학저널에 발표되었습니다. 중국과학원과 랴오닝 대학교 사범대학이 공동으로 진행한 이 연구에서 과학자들은 서른네 명의 실험 참가자들에게 오래된 만화, 게임, 복고풍 사탕 등 어린 시절의 추억을 불러일으키는 물건이 찍힌 사진을 보여 주었습니다. 이와 동시에 아주 덥게 만드는 열 자극을 가하면서 그때 느끼는 고통의 정도를 MRI로 측정했습니다.

그런 다음 지금 사용하는 물건이나 현재의 풍경을 담은 사진을 보여 주면서 이 과정을 반복했습니다. 어떤 차이가 관찰되었을까요? 어린 시절의 추억을 불러일으키는 사진을 볼 때 실험 참가자들은 실제로 고통을 덜 느꼈습니다. 옛 추억이 지금 느끼는 고통까지도 줄여 줄 수 있음을 실험을 통해 밝혀 낸 것입니다.

왜 이렇듯 과거의 추억을 소환하는 것이 에너지가 되고 심지어 고통까지 이겨내는 힘이 되는 걸까요? 우리가 추억을 떠올릴 때 단순히 그리움만 느끼는 것이 아니기 때문입니다. 그 과거를 다시 한번 경험하고 싶은 소망이 생기고, 바로 그 소망이 내일을 살아갈 원동력이 된다는 것입니다.

과거의 힘the power of the past, 즉 향수鄕愁가 에너지를 만든다는 이 역설적인 현상을 오래전부터 연구해 온 대표 학자가 있습니다. 영국 사우샘프턴 대학교의 심리학자 제이콥 율Jacob Juhl 교수가 바로 그 주인공입니다. 그와 연구진은 실험 참가자들에게 자신이 걸어온 과거를 회상하게 했습니다. 참가자들 절반에게는 '아, 그때가 좋았어!'라고 할 만한 기억을 떠올리게 했고, 나머지 절반에게는 특정한 시점을 정해 주고 그 시점 전후로 일

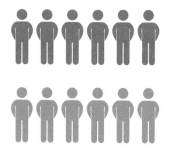

'그때가 좋았다'라고
할 만한 기억 떠올리기
= 추억 떠올리기

특정한 시점 전후로
일어났던 일 떠올리기
= 일상적 기억 떠올리기

어났던 일을 떠올리게 했습니다. 전자는 향수를, 후자는 단순한 일상적 기억을 떠올리게 한 것입니다.

연구진은 이후 두 그룹 모두에게 다양한 과제를 부여했습니다. 과제 중에는 혼자 열심히 하면 되는 일도 있었고, 타인과의 협력이 필요한 일도 있었습니다. 결과는 매우 놀라웠습니다. 과거의 향수나 추억, 긍정적 과거를 떠올렸던 사람들은 협력적인 일에 훨씬 더 적극적으로 몰입했고, 잘될 거라는 신념도 더 강하게 지닌 것으로 나타났습니다. 당연히 과제 수행 결과도 우수했고요. 그런데 흥미롭게도 이러한 향수 자극의 효과가 다른 사람들과의 협동이 필요하지 않은 과제, 즉 나만을 위한 일에 있어서는 거의 나타나지 않았습니다.

이 결과가 말해 주는 게 뭘까요? 우리는 '과거에 다른 사람들과 함께 보람을 느끼면서 무언가를 성취했던 기억'을 되새

길 수 있다면 미래를 위해 큰 힘을 낼 수 있다는 겁니다. 그리고 그런 힘을 심리학에선 효능감efficacy이라고 부릅니다. 우리는 알게 모르게 과거의 수많은 기억 중 이 효능감을 되살리는 데 요긴한 실마리를 찾고 있고, 그것이 '뉴트로'에 반영된 것이라 볼 수 있습니다.

여기서 생기는 궁금증 하나! 옛날을 경험해 보지 않은 세대가 뉴트로를 즐길 수 있는 이유는 뭘까요? tvN 〈응답하라〉 시리즈의 최대 소비자 중 하나가 바로 지금의 10대, 20대라고 합니다. 저도 당시 초등학교, 중학교를 다니던 두 딸과 함께 열심히 시청했습니다. 그 시대를 전혀 경험해 보지 않은 세대가 왜 '응팔'을 좋아하는 걸까요?

자크 라캉Jacques Lacan이 이런 말을 했습니다. "인간은 타자의 욕망을 욕망한다." 그러니 우리는 타자의 회고도 회고할 수 있습니다. 선배 혹은 부모 세대의 기억도 얼마든지 소환해서 소비할 수 있는 것이 인간의 독특한 측면의 하나입니다. '그때 뭐가 그렇게 즐거웠어? 왜 즐거웠을까?' 하면서 그 즐거움을 찾아갈 수 있다는 것이지요. 이는 거울 뉴런, 즉 모방 뉴런을 가진 인간이기 때문에 가능한 행위이기도 합니다. 모방은 정말 효율적이면서도 절묘한 기제입니다. 윗 세대가 느꼈던 즐거움을 한번에 배울 수 있으니까요.

타인의 마음을
이해하는 연습

어떤 문제를 스스로 해결할 수 있다는, 자기 자신에 대한 신념이나 기대감을 뜻하는 말이다. 사회학습이론의 창시자인 앨버트 반두라(Albert Bandura)가 제시한 개념으로, 다르게는 '자아 효능감'이라고도 한다. 자기 효능감을 높이기 위해서는 반복된 성공 경험, 대리 학습 경험, 언어적 설득, 격려 등이 필요한데, 이 중 성공 경험이 자기 효능감 형성에 가장 영향력이 크다고 한다.

‖ 라떼 선배가 되지 않으려면 어떻게 해야 할까

그런데 아무리 좋은 추억이라 해도 후배들 앞에서 라떼 이야기만 주야장천 늘어놓는 선배는 별로겠지요? 그런 선배가 되지 않으려면 어떻게 해야 할까요?

먼저 후배들이 싫어하는 라떼 선배는 뭘까 생각해 봐야 합니다. 아마도 라떼 선배는 후배들 얘기는 안 듣고 자기 얘기만 하는 사람일 겁니다. 후배 얘기를 잘 들어주고, 후배에게 필요한 조언도 해 주는 사람은 라떼 이야기를 해도 "아, 라떼 선배!" 같은 말을 듣진 않겠지요. 혼자서 '이 얘기가 필요하겠지?' 생각하고는 자기가 잘나가던 시절의 이야기만 늘어놓고, 결국 '내가 이렇게 잘했었으니까 나 때처럼 해'라고 해서 '라떼 선배'라는 말을 듣는 걸 겁니다.

사실 선배 세대와 비교해서 요즘 세대가 덜 치열하게 사는 것은 절대 아닙니다. 자격증 취득이나 각종 점수, 행동 지표를 보면 오히려 선배 세대보다 더 낫습니다. 실제로 저와 같은 50대 초반인 친구들을 만나 이야기하다 보면 젊은 후배들에 대해 우려 섞인 말도 하지만, 조금 더 취기가 오른 다음에는 "나 쟤네들이랑 같이 경쟁하지 않아서 다행이야." 이런 말도 하니까요.

선배들에게는 과거로부터 쌓은 노하우가 있고, 서로 협력해서 성공했던 경험이 있습니다. 그것을 전해 주고 싶다면 후배들에게 이야기할 때 인정할 건 인정하고 시작해야 합니다.

"○○ 씨는 진짜 대단한 것 같아요. 나는 ○○ 씨 나이 때 그만큼 못했어. 그렇게 혼신의 힘을 다해 노력하지도 못했고."

그러면서 나의 얘기가 아니라 조직이 협력해서 성공했던 경험담을 얘기해 주는 게 좋습니다. '무조건적으로 이렇게 해'가 아니라 이런 길도 있다는 걸 알려 주는 겁니다.

당시 협력했던 다른 사람이나 상황은 빼놓고 오직 나만 잘난 듯이 이야기하니까 유익한 다른 말들까지 듣기가 싫어지는 것입니다. 그렇게 협력했던 경험을 내세우면 겸손하게 비칠 뿐아니라 '라떼 이야기'라고 느껴지지 않을 것입니다.

○ 타인의 마음을
이해하는 연습

우리는 어떤 선배한테 가장 많이 배울까요? 몰랐던 것을 솔직하게 말하는 선배입니다. 후배들은 과거에는 이런 미래가 올 줄 정말 몰랐다고 솔직하게 말하는 선배를 보며 그 선배와 함께 미래를 더 상상해 보고 싶다고 느낍니다. 그러면서 자신의 미래에도 더 많은 변화가 있을 거라고 기대하게 되고요. 그래서 우리가 "내 그럴 줄 알았어"라고 하는 선배들을 그리도 싫어하나 봅니다.

MZ 세대를 힘들어하는 선배들에게

한편으로는 MZ 세대를 힘들어하는 기성세대도 많습니다. 그런 고민을 말하는 선배 세대들에게 제가 드리는 말씀이 있습니다. "후배 세대들은 우리와 어떤 차이가 있을까요?" 그러면 대부분 고생을 많이 안 해 봤을 거라고 답합니다. 저도 그 말에 꽤 동의합니다. 하지만 우리보다 고민은 더 많은 세대입니다.

저는 집에 TV가 들어온 날을 기억합니다. 처음 온수가 나온 날도, 세탁기가 들어온 날도 기억합니다. 어머니는 손빨래를 하는 고생을 경험하셨고, 저도 한겨울에 주전자에 물을 데워 머리를 감아야 하는 불편함을 겪었습니다. 하지만 제 딸은 그런 고생을 겪지 않았지요. 하지만 저보다 삶에 대한 훨씬 더 많은 고민을 하고 있습니다.

왜 그럴까요? 우리 세대만 해도 어느 길로 가는지 꽤 보였던 듯합니다. 그것이 바로 개발도상국의 이점이기도 하지요. 그런데 얼마 전부터 우리나라가 선진국으로 분류된다고 합니다. 선진국이 되었다는 건 자기 앞에 놓인 길이 아직 규정돼 있지 않다는 뜻 아닐까요? MZ 세대가 고민이 많은 건, 어떻게 가야 되는가를 스스로 정의 내려야 하는 첫 번째 세대가 됐기 때문일 겁니다.

자, 그렇다면 나보다 고생은 덜 했지만 훨씬 더 고민이 많을 후배 세대에게 이렇게 얘기해 줘야 되지 않을까요? "너희가 고민이 많을 거야." 그러면 그들도 고생을 많이 해 본 선배 세대에게 '그래, 우리 선배들은 고민해 볼 기회도 없이 고생을 강요받은 세대겠다'라는 느낌을 가질 수 있을 겁니다. '우리보다 고민이 더 많은 세대' '우리보다 고생을 더 많이 한 세대'라는 존중감을 가지고 서로를 대한다면, 그 조직이나 모임은 어느 곳보다 서로 배우고 가르치며 세대 간의 시너지 효과를 더 많이 만들어 낼 수 있지 않을까요?

○ 타인의 마음을
이해하는 연습

끼리끼리 놀았을 때
생기는 위험

#유사성

#문화지능

#관계의진정성

살면서 많은 스트레스를 경험하지만, 스트레스 원인의 부동의 1위는 인간관계 아닐까요? 이 사실을 부인할 수 있는 사람은 거의 없을 것입니다. 그러다 보니 "저하고 똑같은 친구 만나고 싶어요. 저랑 생각이 비슷한 사람만 만나면 피곤할 일 없겠죠?"라고 말하는 사람들이 많습니다. 그런데 정말로 그럴까요?

흔히들 '끼리끼리 논다'고 하지요? 여러분 주변을 찬찬히 둘

러보면, 이미 자신과 닮은 유형의 친구가 많음을 발견하게 될 겁니다. 그런데 주위에 나랑 비슷한 사람만 있을 경우 오히려 위험할 수 있다는 것, 알고 있나요? 끼리끼리 놀면 위험한 이유, 자신과 다른 유형의 사람들도 만나야 하는 이유에 대해서 알려 드리겠습니다.

끼리끼리 놀면 갈등이 적을까

사실 나랑 비슷한 유형 혹은 비슷한 성격의 사람과 만나서 어울리는, 이른바 끼리끼리 논다는 것에는 굉장히 무서운 의미가 담겨 있습니다. 나랑 같은 사람을 만나면 안 싸울 것 같지만 오히려 더 무지막지하게 싸웁니다. 이는 인류의 유구한 역사를 통해 끊임없이 증명된 바입니다. 유사한 종교를 가질수록 더 치열하게 싸우고, 비슷한 문화를 가진 나라일수록 더 많이 부딪힙니다. 오히려 아예 성향이 다른 사람과는 싸움이 되지 않습니다. 왜냐고요? 너무 다르기 때문입니다.

이를 보여 줄 수 있는 실험을 한 가지 해 보겠습니다. PC와 노트북, PC와 고양이. 이렇게 두 쌍이 있습니다. PC와 노트북은 유사해 보이고, 그에 반해 PC와 고양이는 굉장히 달라 보이

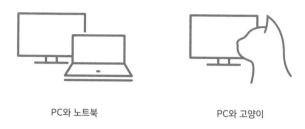

PC와 노트북   PC와 고양이

죠? 자, 그럼 이 두 그룹의 차이점에 대해 써 보겠습니다. 어떤 그룹이 더 쓸 거리가 많을까요?

실제로 수업 시간에 학생들을 대상으로 제한 시간 2~3분 내에 PC와 노트북, PC와 고양이의 차이점에 대해 써 보게 하면, 학생들은 PC와 노트북의 차이점에 대해 훨씬 더 많이 써 냅니다. 모니터 사이즈, 키보드 배열, 배터리 유무 등등. 그런데 PC와 고양이는 생물과 무생물, 이렇게 하나 쓰고 나면 떠오르는 게 없습니다. 이처럼 비슷하면 차이점이 더 많이 보이고, PC와 고양이처럼 너무 다르면 비교조차 하기 힘든 것입니다.

마찬가지로 나와 너무 다른 사람과는 오히려 잘 안 싸웁니다. 그래서 자질구레한 갈등이 많지 않고 더 편안하게 지낼 수 있습니다. 다시 말해, 우리는 비슷한 사람보다 다른 사람을 만났을 때 싸울 일이 더 적습니다.

끼리끼리 놀면 위험한 점이 또 하나 있습니다. 바로 서로 간에 갈등이 생겼을 때 갈등을 치유하기가 어렵다는 것입니다. 끼리끼리만 어울렸으니 같은 성향의 사람들만 모여 있는 모임일 테고, 그러니 갈등이 생겨도 달리 갈 데가 없습니다. 따라서 비슷한 사람들끼리의 모임을 건강하게 유지하기 위해서라도 평상시 다른 유형의 다양한 사람을 만나는 것이 필요합니다.

‖ 다양한 인간관계가 개인의 행복에 미치는 영향

최근 실제로 다양한 사람을 만나는 것이 얼마나 중요한지를 보여 주는 조사 결과가 나왔습니다. 2021년 10월에 발표된 한국리서치 조사 결과에 따르면, 다양한 인간관계는 개인의 주관적 행복도에도 긍정적 영향을 주는 것으로 확인되었습니다. 왜 그럴까요?

먼저 조사 기관은 정치 성향이 진보 혹은 보수인 사람, 성 소수자, 페미니스트, 채식주의자, 장애인, 다른 종교를 가진 사람 등 추구하는 가치나 정체성이 다른 일곱 가지 유형의 사람을 제시하고 각각에 해당하는 친구가 있는지를 물어보았습니다. 그런 다음 해당하는 친구가 있다는 응답이 6개 이상인 경우 그 사람에게 행복한지를 물었습니다.

다양한 사람과 인간관계를 맺고 있다고 답한 사람들 중에는 75퍼센트가 '나는 행복하다'고 답했고, 73퍼센트가 '내 삶에 대해 만족한다'라고 했습니다. 반면, 각 유형에 해당하는 친구가 있느냐는 질문에 2개 이하로 응답한 사람들 중 '행복하다'고 답한 사람은 68퍼센트, '삶에 만족한다'고 답한 사람은 59퍼센트에 그쳤습니다.

이 조사를 통해 우리가 알 수 있는 사실은 다양한 유형의 사람들과 관계를 맺는 사람이 그렇지 않은 사람보다 행복도와 삶에 대한 만족도가 더 높다는 것입니다.

나와 다른 남을 이해하는 데 필요한 '문화 지능'

IQ는 다들 잘 알고 있겠지요? EQ도 한 번쯤 들어 본 적이 있을 겁니다. 수학이나 논리 문제를 잘 푸는 능력과 관련이 있으며, 일반적으로 IQ와 연관성이 높은 측면을 유동성 지능이라고 합니다. 또 상대방의 감정을 잘 이해하는 감성 지능을 우리는 EQ라고 합니다.

그런데 최근 심리학자들 사이에서는 '문화 지능CQ, cultural

intelligene*'이라는 것 역시 매우 중요한 요소로 고려되고 있습니다. 문화 지능이란 다른 문화에서 온 사람들 간의 차이에도 흥미를 보이며 이를 잘 수용하고 인정하는 능력을 포함합니다.

일반적으로 사람들은 타인이 자기에게 잘 적응하기를 원합니다. 즉, 나와 비슷한 사람을 찾고 싶어 합니다. 그런데 자신과 타인의 차이점에 착안해 상호 작용할 수 있는 이 능력은 요즘처럼 변화가 많고 이동성이 높은 사회에서는 엄청나게 중요한 역량이 됩니다.

문화 지능이 높은 사람들은 문화적으로 다른 사람들끼리 모여 있는 상황에서 상대방과 잘해 보려는, 이른바 협동 능력이 뛰어납니다. 요즘 같은 시대에 협동 혹은 협업 능력만큼 중요한 것이 있을까요? 결론적으로 홀로 문제를 해결하는 일반적인 능력과는 별개로 이 문화 지능이 뛰어난 사람은 그만큼 현대 사회에서 성공할 가능성이 높다는 것이지요.

이를 증명해 낸 연구를 캐나다 웨스턴 대학교 경영대학원의 린 이마이Lynn Imai 교수와 메릴랜드 대학교의 교수이자 심리학자인 미셸 겔펀드Michele J. Gelfand가 최근 발표했습니다. 연구진은 서양인과 동양인, 즉 문화가 다른 두 참가자들을 짝지어 팀을 이루게 했습니다. 각 팀이 해야 할 과제는 서로 협동해 두 개의 상점을 한 위치로 옮겨 새로운 벤처 기업을 만들어 내는

○ 타인의 마음을
이해하는 연습

그룹 A	그룹 B	그룹 C

둘 다 문화 지능이 낮음	한 명만 문화 지능이 높음	둘 다 문화 지능이 높음

것이었습니다. 그리고 지적 능력과 인성(성격)은 비슷한 수준이지만 문화 지능 면에서는 상이한 사람들로 참가자들을 구성했습니다.

그런데 연구 결과는 명확했습니다. 두 참가자 모두 문화 지능이 낮은 팀에서는 최악의 결과가 나왔고, 어느 한 사람만 문화 지능이 높은 경우에도 결과는 좀처럼 나아지지 않았습니다. 두 사람 모두의 문화 지능이 높을 때만 협동 결과가 좋아졌습니다. 더욱 중요한 것은 개방성이나 우호성과 같은 다른 인성적 측면에서 두 사람 다 전혀 문제가 없는 경우에도 이런 결과가 나왔다는 사실입니다. 즉, 어느 한쪽의 문화 지능만 높아서는 결코 협동이 제대로 이루어지지 않는다는 것입니다.

'나랑 다르니까 필요해'라는 생각의 전환이 필요하다

내가 전혀 몰랐던 걸 짚어 줄 수 있는 것은 결국 나랑 다른 사람입니다. 그러니 그 사람을 적으로 만들어선 안 됩니다. 그들을 적으로 돌릴수록 그만큼 내가 공격당하거나 피해를 입을 가능성도 커지기 때문입니다. 그래서 다양한 사람과 느슨하지만 우호적인 관계를 맺는 것이 그 무엇보다 중요합니다.

'나랑 다르니까 안 맞아'라고 무조건 배척하는 대신 '나랑 다르니까 필요해'라고 생각을 전환해 보면 어떨까요? 그렇다고 필요하니까 억지로 친하게 지내라는 말은 아닙니다. 적절히 느슨하게, 적이 되지 않을 정도로 다양한 사람과 교류하는 현명한 자세가 필요하다는 의미입니다. 나와 다르기 때문에 다른 해결책을 가진 사람과 잘 지낸다는 것은 그만큼 나의 사회적 생존율을 높이는 일이 되기도 하니까요.

인간은 같은 부모 아래서 나온 형제자매라도 성향이 굉장히 다릅니다. 왜 인간의 경우 다른 동물들보다 이런 양상이 더 두드러지게 나타나는 걸까요? 인간이 엄청나게 다산을 하는 존재가 아니기 때문입니다. 가족 구성원이 많지 않기 때문에 변화가 생겼을 경우 똑같은 성향으로 똑같은 생각만 한다면 문제 해결 능력이 떨어질 수밖에 없습니다. 그래서 한배에서 난 형제라도 그렇게 다른 것입니다. 인간은 진화적 관점에서 봐도 나와 다른, 다양한 사람을 만나도록 설계된 존재라는 것이지요.

그렇다면 새로운 사람과 가까워질 때 우리가 중요하게 여겨야 하는 것은 무엇일까요?

캐나다 캘거리 대학교의 이기범 교수가 연구를 통해 인간관계의 진리를 결정지어 주었습니다. 그것은 그 사람이 나와 성향이 같은지 다른지가 아니라, 진실한가 진실하지 않은가를 살펴봐야 한다는 것입니다. 심리학에서 '진실하다'는 '진정성이 있다'는 뜻이고, 이것은 곧 상대에게 자신의 진짜 의도를 숨기지 않는다는 것입니다. 그래야만 진짜 좋은 친구가 될 수 있다는 말이지요. 사실 나머지는 나와 달라도 무방합니다.

그러니 누군가와 친해지고 싶다면 나의 의도를 솔직하게 얘기해야 합니다. 그리고 나이가 들수록 이를 솔직하면서도 주책스럽지 않게 이야기할 수 있는 사회적 품위가 필요하겠지요. 저는 이 두 가지가 우리가 나이를 먹어 가면서 지녀야 할 최고의 사회적 능력이자 가장 중요한 능력 중 하나라고 생각합니다.

새로운 사람을 만나는 기준, 진정성

캐나다 캘거리 대학교의 성격 심리학자 이기범 교수를 비롯한 많은 연구자들은 인간의 여섯 번째 성격인 정직-겸손성, 즉 '진정성'에 주목하고 있다. 관련 연구를 종합하면 다음과 같다.

참가자들은 본인과 가장 친한 친구와 함께 조사에 참여해, 각자 자신과 상대방의 성격에 관한 여섯 가지 질문에 답을 했다. 질문은 얼마나 내(외)향적인가, 성실한가, 우호적인가, 예민한가, 개방(보수)적인가, 진정성이 있는가였다.

실험 결과, 서로 상대방의 여섯 가지 측면을 모두 정확히 알고 있는 것으로 나타났다.

그런데 재미있는 사실은 스스로 판단한 자신의 성격과 자신이 판단한 상대방의 성격이 모두 높게 일치하는 항목은 단 2개뿐이라는 것이다. 바로 진정성과 개방성이다. 이는 진정성과 새로운 변화를 수용하는 정도인 개방성만큼은 서로가 비슷해야 가까워진다는 것을 보여 준다.

여기서 개방성(보수성)은 가치관의 문제다. 가치관이 다르면 아무래도 친밀해지기 어려울 것이다. 개방적이거나 보수적인 사람들이 가깝게 연결되고 나면, 남는 것이 바로 진정성이다. 한쪽이라도 진정성이 낮으면 불행과 갈등이 시작되겠지만, 서로 진정성이 높으면 오래 관계를 유지할 수 있을 것이다. 그러므로 새로운

○ 타인의 마음을
이해하는 연습

사람과 가까워질 때 가장 중요하게 여겨야 하는 것은 바로 정직-겸손성, 즉 진정성임을 잊지 말자.

은근히 무시하는 사람
상대하는 법

#돋보이려는욕구
#기능적언어
#소통적언어

여럿이 모여 대화를 합니다.

"이 일은 제가 할게요. ○○ 씨는 잘 모르더라고요."

"옆 팀 김 대리가 주식으로 몇 천 벌었더라고요. 맞다, ○○씨
는 주식 안 해서 이런 이야기 재미없겠다."

"어머, 이 옷 △△ 브랜드 신상이죠? 아, 그런데 ○○ 씨는 옷
브랜드 같은 건 관심 없지?"

그런데 대화를 할수록 묘하게 나만 기분이 나빠집니다. 그렇

○ 타인의 마음을
이해하는 연습

다고 다 같이 있는데 화를 내면 어색하고 이상한 상황이 될 것 같아 그러지도 못합니다. 이것이 바로 은근히 나를 무시하는 사람과 대화를 할 때 자주 느낄 수 있는 감정입니다. 대놓고 무시하면 화라도 낼 텐데, 여럿이 모여 있는 상황에서 나만 무시하니까 화도 못 내고 혼자서 속만 끓이게 되지요. 도대체 그 사람은 왜 무리 중에 누군가를 콕 짚어 타깃으로 정해 놓고 무시하는 걸까요?

도대체 그는 왜 나만 무시하는 걸까

누군가를 만나 대화를 하는 도중 '이 사람은 도대체 왜 나만 무시하는 거지?'라는 생각이 들 때, 먼저 구분해야 할 것이 하나 있습니다. 그 '귀인attribution, 歸因'이 어디에 있는가 하는 것입니다. 귀인은 심리학에서 어떤 일이나 행동의 원인을 어디에 두는가를 일컫는 말입니다. 뜻 자체는 간단명료해 보이지만, 의외로 귀인의 양상은 매우 미묘하고 복잡합니다. 왜냐하면 발생한 일의 원인을 어디에 두는가에 따라 이후의 생각과 행동에 큰 차이가 발생하기 때문입니다.

무시하는 사람의 유형은 크게 세 가지입니다. 첫 번째는 무리 중 누구라도 한 명을 타깃으로 정해 무시하는 사람입니다. 오늘은 나를 무시하더니, 다음 날이 되면 다른 누군가를 콕 짚어서 무시합니다. 그리고 내가 그 자리에 없는 상황이 벌어지면 또 다른 사람을 무시합니다. 이런 경우라면 무시하는 그 사람에게 원인이 있다고 볼 수 있습니다.

두 번째는 어떤 상황에서도 나만 무시하는 사람입니다. 밥을 먹을 때도, 놀러를 가서도, 심지어 공부할 때도 유난히 나만 무시합니다. 이 경우라면 상대가 나를 무시하는 원인이 나한테 있을 가능성이 높습니다. 하지만 이 말이 나한테 책임이 있다는 뜻은 아닙니다. 나 때문은 아닌지 한번 생각해 볼 수 있다는 것이지요. 내가 잘나서일 수도 있고, 나의 위치나 그 사람과 나의 관계 때문일 수도 있습니다.

마지막으로 세 번째는 특정 상황에서만 나를 무시하는 경우입니다. 이 세 경우는 저마다 대처법도 다릅니다.

원인이 다르면 대처법도 달라야 한다

먼저 상황과 상관없이 한 사람만 콕 짚어 무시하는 경우라면 그 사람에게 문제가 있을 가능성이 높습니다. 때로 어떤

타인의 마음을
이해하는 연습

물건의 가치는 어디에 놓이느냐, 주변에 뭐가 있느냐에 따라 결정되기도 하지요? 이렇듯 대놓고 누군가를 무시하는 사람은 자기보다 모자라 보이거나 못나 보이는 사람을 주변에 두어 상대적으로 자신을 돋보이게 만드는 전략을 구사합니다.

이런 사람들의 특징은 늘 자신이 돋보이길 바라고, 어떤 상황에서도 자기가 주도권을 가졌으면 하는 욕망이 크다는 것입니다. 그리고 그 주도권을 가지는 방법으로 자기 말에 토를 달거나 자신의 권위를 위협하는 사람을 무시하는 것이지요.

그런데 왜 이들은 굳이 딱 한 사람을 콕 짚어서 무시하는 전략을 택했을까요? 다섯 사람이 모여 있는데, 세 사람을 무시하면 그들끼리 결탁할 테니까요. 여러 사람을 무시할 경우 자기가 오히려 주도권을 뺏기는 상황이 올 수 있으니, 그 자리에서 가장 발언권이 약해 보이거나 친분 관계가 비교적 적은 누군가를 콕 짚어 무시하는 것입니다.

만약 특정 상황에서만 유독 나를 무시하는 사람이 있다면,

결탁
→ 주도권을 뺏길 수 있음

그에게는 이 상황이 굉장히 중요한 순간이기 때문일 수 있습니다. 예를 들어 친구들끼리 같이 테니스를 치러 갔는데, 거기서만 유독 나를 무시한다면 그 사람의 내면에 '최소한 테니스만큼은 져선 안 돼'라는 마음이 강하게 자리 잡고 있을 가능성이 높습니다.

그렇다면 그는 왜 그런 마음을 가지게 되었을까요? 그 상황이나 장면에 무척 좋지 않은 기억이 있기 때문입니다. 친구들끼리라면 그런 상황에 놓이고 싶지 않은데, 자꾸 같이 하자고 해서 그렇게 되었을 수 있겠지요. 그리고 앞서 언급했던 짜증이나 신경질로 문제를 해결하려는 사람들처럼 남을 무시하는 방법으로 이 상황을 해결할 수 있을 거라는 그릇된 신념이 생겼을 수도 있습니다.

마지막으로 상황과 상관없이 무조건 나만 정조준해서 무시한다면, 나를 아무것도 못 하게 하고 나에게 어떤 기회도 주지 않으려는 의도가 있는 것입니다. 상대방과 친구 관계라면, 무시하는 행동의 이면에는 여러분이 자신을 불리하게 하거나 주인공이 되는 데 방해가 될 거라는 불안이 그의 마음에 자리 잡고 있을지 모릅니다.

예를 들어 그 친구가 주변에 알리고 싶지 않은 비밀을 여러분만 알고 있다고 합시다. 그러면 그는 여러분에게 아무한테도

○ 타인의 마음을
이해하는 연습

그 얘기를 하지 말라고 부탁해야 합니다. 그런데 부탁하기도 싫고, 부탁하더라도 다른 데 전할까 봐 계속 불안하다면, 그 친구는 어떤 전략을 세울까요? 비밀을 알고 있는 여러분을 무시하고 발언권을 주지 않는 것이 전략이 될 수 있겠지요. 이렇듯 상대가 나만 무시한다면, 그는 일정 부분 여러분을 자신의 불안 요소로 보고 있을 가능성이 큽니다.

> **자기 현시 욕구** endeavour for recognition
>
> 개인차는 있지만 인간이면 누구나 가지고 있는 것으로, 자신의 존재를 주변 사람이나 사회에 어필하고 싶어 하는 욕구를 말한다. 무리에서 튀고 싶어 하거나 자기 자랑이 하고 싶어 입이 근질근질한 사람뿐 아니라 "여기서만 하는 이야기인데……" 하며 중요한 비밀을 알고 있는 것처럼 말하는 사람은 자기 현시 욕구가 강한 사람이다.

ǁ 무시하는 사람에게는 소통적 언어를 사용하자

직장인들 가운데 제게 이런 질문을 하는 분이 많습니다. "같이 일하는 상사나 직장 동료가 나만 무시한다라는 생각이

들면, 솔직하게 말하고 따지는 게 좋을까요?"

이때 가장 중요한 것은 솔직하게는 말하되 따지지는 않아야 한다는 것입니다. "왜 저를 무시하세요?"라고 하는 것은 정말 최악의 대응입니다. 그러면 상대방은 "난 안 그랬는데, 너는 왜 그렇게 생각해?"라고 말하며 빠져나갈 것입니다. 이럴 때는 '기능적 언어'가 아닌 '소통적 언어'를 사용해야 합니다.

기능적 언어와 소통적 언어는 무엇이며, 어떻게 다를까요? 불치병에 걸린 환자에게 의사가 "이 병은 유전입니다"라고 했다면, 이는 기능적 언어로 말한 것입니다. 그 말을 들은 환자는 기분이 어땠을까요? 속상하기도 하고, 부모님이 원망스러웠을지도 모릅니다.

기능적 언어	소통적 언어
• 이 병은 유전입니다.	• 이 병 때문에 부모님도 많이 힘드셨겠어요.
• 팀장님이 저를 무시하셔서 많이 힘듭니다.	• 팀장님이 저에게 발언권을 많이 안 주셔서 제가 힘듭니다.
	• 팀장님이 제 얘기를 끝까지 안 들어주시는 것 같아서 속상합니다.

그런데 같은 상황에서 "이 병 때문에 부모님도 많이 힘드셨

타인의 마음을
이해하는 연습

겠어요"라고 말한다면, 이는 소통적 언어를 사용한 것입니다. 두 의사 모두 환자에게 개념적으로 '유전'이라고 말했지만, 소통적 언어를 구사한 의사의 말을 들었을 때 환자는 부모에 대한 원망보다 '부모님도 이 병 때문에 많이 힘드셨겠구나.' 하는 공감을 먼저 느낄 수 있었을 겁니다.

자, 기능적 언어와 소통적 언어의 차이를 알아봤으니, 이것을 한번 응용해 봅시다. "팀장님이 저를 무시하셔서 많이 힘듭니다"를 소통적 언어로 바꾸면 어떻게 될까요? "팀장님이 저에게 발언권을 많이 안 주셔서 제가 힘듭니다." "팀장님이 제 얘기를 끝까지 안 들어주시는 것 같아서 속상합니다." 이렇게 바꾸어 말했을 경우, 그 얘기를 들은 사람이 정말 일부러 무시하려고 한 게 아니라면 '혹시 내가 그런 오해를 불러일으킬 만한 상황을 만들었나?' 하고 한 번쯤 스스로를 돌아보게 될 것입니다.

게다가 일정 부분 일부러 그렇게 했다고 해도, 자신 때문에 힘들어하는 사람을 보면 어지간한 악인이 아니고서는 자신의 행동을 반성하거나, 최소한 되돌아볼지 모릅니다.

마지막으로 한 가지 대화 팁을 더 알려 드리자면, 소통적 언어를 쓰면서 상대가 잘해 주었거나 좋았던 점을 하나쯤 덧붙이면 좋습니다. 예를 들면 "제 말을 끊지는 않으시는데, 발언할 기회는 많이 안 주시는 것 같아서 속상합니다." 정도가 되겠지요. 그러면 상대가 좀 더 명확하게 이해할 수 있을 것입니다.

제 말을 끊지는 않으시는데 ··· '좋았던 점' 언급
발언할 기회는 많이 안
주시는 것 같아 속상합니다. ··· 명확하게 이해 가능

왜 무시당한다고 느꼈는지 솔직히 말해 달라고 하기

누군가 여러분에게 "왜 너는 나만 무시해?"라는 말을 하는 경우도 있겠지요? 그 상황에서 "나 안 그랬어"라고 말하는 건 해결에 아무런 도움이 되지 않습니다. 그럴 때는 중간에 말을 잘랐는지, 대화 도중 발언할 기회를 주지 않았는지 혹은 그 사람한테만 시선을 안 주었는지 등 왜 그렇게 느꼈는지 아주 구체적인 상황을 상대방에게 말해 달라고 해야 합니다. 그렇게 하지 않으면 상대가 왜 그렇게 느꼈는지 그 원인을 정확히 알아 내기가 어려울 테니까요. "아주 구체적으로 알려 주면 내가 고칠게"라고 말해야 관계를 개선시킬 수 있습니다.

그런데 만약 여러분이 실제로 그 사람을 무시한 것이라면 어

타인의 마음을
이해하는 연습

떻게 해야 할까요? 마찬가지로 상대의 어떤 행동이 싫은지 아주 구체적으로 솔직하게 얘기해야 합니다. 제대로 알고 고치지 않으면 서로 안 좋은 감정만 쌓일 뿐입니다.

그렇게 감정의 골이 깊어지다 보면 싸우는 것보다 더 안 좋은 결과가 생깁니다. 차라리 싸우면 뭐가 문제인지 나도 알고 상대방도 알고 남들도 알게 될 텐데, 서로 아무 말도 안 하면 아무도 모르는 채로 그 문제를 계속 안고 가게 됩니다.

모든 병은 말기로 갈수록 예후가 좋지 않습니다. 우리가 유난히 무서워하는 질병들의 공통점은 조기 발견이 힘들다는 것입니다. 뒤늦게 발견할수록 치료 가능성이 줄어들 수밖에 없습니다. 인간관계도 마찬가지입니다. 대화로 풀 수 있는 문제를 조기에 발견하지 않고 계속 안고 가니까, 결국 곪게 되고 덩어리가 커져서 더 안 좋은 결과를 초래하게 되는 것입니다. 그러니 그냥 끊어 내도 되는 관계가 아니라면, 솔직하게 툭 터놓고 소통적 언어를 사용해서 마음속 응어리를 풀기 바랍니다.

누군가를 무시해서 자신을 돋보이게 하려는 사람들의 못된 점 중 하나가 '그렇게 하니까 사람들이 내 말을 더 잘 듣더라.' 하고 생각하는 것입니다. 그런데 이들이 이런 생각을 계속 유지할 수 있는 것은, 주변 사람들이 그 사람이 그렇게 행동해도 지적하지 않고 그 모임에 계속 참여할 수 있게 해 줬기 때문입니다.

어떤 사람이 모임이나 조직에서 무시당하고 있다면, 함께하고 있는 나를 비롯한 다른 사람들에게도 어느 정도 거기에 책임이 있습니다. 그러니 누군가 불편한 상황에 처해 있고 무시당하고 있다면 단호하게 지적해야 합니다. 나라도 말을 걸고 그 사람 이야기에 귀 기울여 줘야 합니다. 무시하는 나쁜 습관을 가진 그 사람을 계속 놔두고 방치한다면, 그다음 타깃은 여러분이 될지도 모르니까요.

○ 타인의 마음을
이해하는 연습

Q & A

부록

듣기 싫은 말만 골라 하는 그 사람,
왜 그럴까요?

Q.

저는 결혼을 준비 중인 예비 신부입니다. 그런데
제 친구 중에 결혼한 지 얼마 안 된 친구가 있는데요,
그 친구는 항상 본인 시댁에 관해 안 좋은 말을 하면서
"이게 현실이니 너도 미리 알아야 해"라고 말합니다.
자꾸 안 좋은 소리만 하는 친구, 무슨 말을 해도
부정적인 답변을 하는 친구의 심리가 궁금합니다.

이 질문을 보고 '내 주변에도 이런 사람 있는데!' 하는 사
람 많을 테지요. 결혼 생활뿐 아니라 모든 일을 부정적으로 바라
보고 안 좋게 말하는 그 친구는 대체 왜 그러는 걸까요?

답변을 드리기 전에, 이 경우에서 제외해야 할 유형이 있습니다. 바로, 부정적인 관점으로 이야기하는데 웃긴 사람들입니다.

고등학교 은사님 중에도 시크하게 웃기는 분이 계셨습니다. 수업 시작 전에 학생들이 "안녕하세요?" 하고 인사하면, 선생님은 "별로"라고 답하셨어요. 가히 솔직함으로 지구를 정복할 만한 분이었는데, 제자들의 미래도 굉장히 솔직하게 걱정해 주셨습니다. 이런 사람들은 그냥 솔직한 것입니다. 오히려 이런 사람이 주변에 있으면 내가 잘할 수 있는 방향을 제시해 주거나 실마리를 던져 주는 경우가 많습니다. 여기서 논의 대상이 되는 사람은 듣는 사람 입장에서 전혀 유쾌하지 않을뿐더러 대안을 찾는 데도 전혀 도움이 되지 않는, 진짜 부정적인 사람들입니다.

이 이야기를 듣고 "저는 부정적인 게 아니라 현실을 말하는 건데요." 하고 억울함을 호소하는 사람도 있을지 모릅니다. 그럴 때 현실적인 대답과 부정적인 대답을 명확하게 구분할 수 있는 방법이 있습니다. 이 말을 들은 상대가 "오늘 하늘이 정말 예쁘다." 하고 말해 보는 것입니다. "하늘이 예쁘기는 뭐가 예뻐, 요즘 미세먼지가 얼마나 심한데"라고 그 자체의 의미를 떨어뜨린다면 그는 부정적인 사람입니다. 현실적인 사람은 그렇게 답했더라도 뒤에 대안을 제시하는 말을 덧붙일 겁니다. "미세먼지 많으니까 아무리 하늘이 예뻐도 마스크 잘 쓰고 다니자." 하고 말이지요.

부정적인 대답을 하는 것은 쉽습니다. 하지만 현실적인 대답은 대안까지 줘야 하니 쉽지 않습니다. 뭔가를 대답할 때 그 책임도 어느 정도 지겠다는 뜻이니까요. 그래서 여러분에게 현실적으로 이야기하는, 대안을 제시해 주는 사람이 있다면 소중하게 여겨야 합니다. 그 사람에게 여러분도 중요한 사람일 테니까요.

매사 부정적으로 이야기하는 사람들의 공통된 특징은 자신이 겪은 비슷한 경험에 대한 기억이 상당히 부정적이라는 것입니다. 그리고 부정적인 자신의 개인적 경험을 일반화시켜 버립니다. '나의 경험이 나빴으니 너도 나쁠 거야'라고 말하는 것을 심리학에서는 '과잉 일반화의 오류'라 합니다.

기억에 각인되는 것과 관련된 심리학 용어로 '초두 효과primary effect'와 '최신 효과recency effect'가 있습니다. 쉽게 설명하면, 시험 범위가 1장부터 7장이라고 했을 때 처음 공부한 1장과 최근에 공부한 7장이 기억이 잘 난다는 것입니다. 아마 그 친구의 결혼 생활도 마찬가지가 아닐까 합니다. 처음에 힘들었고 최근에도 안 좋았기 때문에 부정적으로 말할 확률이 높은 것이지요. 그리고 이미 마음속에서 과잉 일반화의 오류가 일어났기 때문에, 상대방이 나쁘게 받아들일 거라는 고려를 전혀 하지 못하는 것입니다.

만약 내가 부정적으로 말하는 사람이라면, 이것을 고치고 싶다면 어떻게 해야 할까요? 부정적으로 말하는 사람은 상대방의 말을 자주 끊습니다. 실제로 대화 상황을 한번 돌이켜 보세요. 상대가 하는 말을 다 들어주고 난 다음에 "그건 좀 아닌 것 같아"라고 한 적이 별로 없지 않나요? 다 들어 보지도 않고, "됐고, 그건 아니야"라는 식으로 말하는 경우가 훨씬 많지요.

부정적으로 말하는 습관을 고치고 싶을 때 가장 좋은 방법은 상대의 말을 끊지 않고 최대한 끝까지 들어 보는 것입니다. 단번에 생각을 긍정적으로 바꾸기란 굉장히 어렵습니다. '저 친구의 말에서 긍정적인 면을 찾아서 무언가 좋은 말을 해 줘야지.' 해도 잘 되지 않을 겁니다.

하지만 행동은 그보다는 조절하기가 쉽습니다. '입 닫고 끝까지 듣자.' 하는 겁니다. 상대의 말을 끝까지 다 듣기만 해도 부정적인 답변을 할 확률이 줄어들 겁니다. 그러니 쉬운 일부터 먼저 해 보는 건 어떨까요?

Q.

여행을 다녀오면서 큰 선물은 아니지만, 나눠 먹을 수

있는 과자를 사 왔습니다. 받기 싫으면 괜찮다고 하면
되고, 받을 거면 고맙다고 하면 되는데 "이런 쓸데없는
걸 왜 사 왔어?"라고 하면서 받는 건 대체 무슨
심리인가요?

기분 좋게 선물을 받아 주면 좋을 텐데, 꼭 이렇게 말하
는 사람들 있지요? 출장을 다녀오는 길에 선물을 사 오거나 생
일이나 특별한 날에 일부러 뭘 챙겨 주면 "쓸데없이 이런 걸 사
오고 그래?" 하는 부장님, "집에 다 있는데, 뭘 또 사 오니?" 하
는 어르신들. 도대체 이런 말은 왜 하는 걸까요?

《행복의 품격》이라는 책을 쓴 고려대학교 심리학과의 고영
건 교수는 선물을 받을 줄 아는 사람과 모르는 사람을 구분해
연구를 진행한 바 있습니다. 그에 따르면, 선물을 받을 줄 모르
는 사람은 "나, 이거 집에 있는데"부터 시작해 "이런 걸 뭐 하러
사 왔어." 등 별의별 말로 선물을 준비한 사람을 민망하게 하고
상처를 준다고 합니다.

보통 선물을 하는 사람은 상대방이 어떤 반응을 보일까 하고
기대하게 마련입니다. 그런데 미리 예고하고 선물을 주는 경우
는 거의 없습니다. 받는 사람의 입장에서는 마음의 준비가 안

되어 있는 것이지요. 그리고 마음의 준비가 안 되어 있을 때 그 사람의 기본기, 즉 본질이 나옵니다. 그래서 선물을 받을 때 그 사람의 기본적인 태도가 확인되는 경우가 많습니다.

그러니 선물을 받고서 그런 말을 하는 사람은 기본기 자체가 좋지 않다고 볼 수 있습니다. 어떤 과정을 거쳐서 이 선물이 나한테 왔는지 궁금하지 않으니 무관심하게 반응하는 것이지요. 당연히 이런 사람에게는 선물을 주고 싶은 마음이 생기지 않을 것입니다.

여러분이 정말로 선물 받는 게 싫다면 계속 그런 태도를 보여도 됩니다. 하지만 갑작스러운 선물에 당황스럽더라도 고마움을 전하고 싶다면, 의식적으로라도 그 마음을 표현하려고 노력해야 합니다.

쑥스러워서 그런 것 아니겠느냐고 변호하는 사람도 있겠지요? 그런데 '쑥스럽다'는 외국어로 번역하기도 힘든 말입니다. 국어사전에서 뜻을 찾아보면 '하는 짓이나 모양이 자연스럽지 못하고 우습고 싱거운 데가 있다'라고 되어 있습니다. 설명이 좀 복잡하죠? 이런 것을 한국적인 복합 감정이라고 표현합니다(한국어에는 다른 언어로 번역하기 힘든 복합 감정이 정말 많습니다). 한영사전에서 '쑥스럽다'를 찾아보면, 'shy(수줍다), embarrassed(당황스럽다)' 이런 식으로 중간에 쉼표가 들어가 있습니다. 이런 감정들이 다 섞여 있는 것이 바로 '쑥스럽다'입니다.

만약 상대가 정말 쑥스러워서 그렇게 반응하는 것이라면, 이를 확인하는 좋은 방법이 있습니다. 선물한 다음 질문을 반어법으로 하면 됩니다. "이 선물 때문에 기분 나쁘신 거 아니죠?" "이 선물 정말 필요 없으신 거 아니죠?"라고 말이지요. 그러면 상대는 흔쾌하고도 분명하게 "아니야, 좋아." "아니야, 요긴하게 쓸 것 같아"라고 대답할 수 있게 됩니다.

선물 받는 태도에 대해 연구해 온 고영건 교수가 꼽은 '우리나라에서 1등으로 선물 잘 받는 사람'은 故 송해 선생님입니다. 〈전국노래자랑〉을 진행하실 때 송해 선생님께 정말 많은 사람이 크고 작은 선물을 가지고 왔습니다. 그런데 어린아이에게 옥수수 몇 개, 고구마 한두 개를 선물 받고도 그렇게 기뻐하시는 분을 저는 아직 본 적이 없습니다.

처음 보는 아이가 건넨 선물 하나에 그렇게 기뻐한다면, 지금껏 설명해 드린 것에 비추어 보면 얼마나 상대에 대해 관심이 있다는 이야기겠습니까? 어떻게 그것을 알 수 있느냐고요? 송해 선생님은 선물을 준 사람이 어디에서, 어떻게, 얼마나 오랜 과정을 거쳐서 그것을 가져왔는지 궁금해하셨으니까요. 그러니 누군가에게 선물을 받으면 내용물이 무엇인지보다 "어디서 샀어?" "어떻게 들고 왔어?" "가지고 오는데 힘들지는 않았어?" 하고 과정을 꼭 물어보십시오.

"이런 거 왜 샀어?"라고 말하는 건 부모님들의 단골 멘트이기도 하지요? 이런 말을 들으면 선물한 입장에서는 '다시는 안 사다 드려야지.' 하는 생각이 들 수도 있습니다. 하지만 부모님이 이렇게 말하는 것은 여러분이 그 선물을 사려고 얼마나 고생했을지 알고 계시기 때문입니다. 일종의 걱정을 하시는 거지요.

하지만 부모님 정도로 각별한 사이가 아니라면 아무리 내면에 그런 마음이 있더라도 알기가 힘듭니다. 그러니 누군가 여러분에게 크든 작든 선물을 하면, 고마워하고 그것을 준비해서 나에게 주기까지의 과정을 궁금해해야 합니다. 그리고 그것을 묻고 궁금해하는 과정에서 여러분도 받은 선물을 더 좋아하고 소중하게 여기게 될 것입니다.

Q.

"봉투에 담아 드릴까요?"라고 물으면 "그러면 손으로 들고 가라는 거야?"라고 말하고, 아메리카노 한 잔을 달라고 해서 "따뜻한 거, 차가운 거 어떤 걸로 드릴까요?" 하면 "이 추운 날에 따뜻한 거지, 차가운 거겠어?"라고 따지는 사람들이 있습니다.

이 사람들, 대체 왜 그럴까요?

　먼저 질문에 답하기 전에 전제되어야 하는 것이 하나 있습니다. 대답을 들은 사람이 전혀 유쾌하지 않은 상황이라는 것입니다. 사실 희극과 비극은 한 끗 차이입니다. 저도 예전에 그런 말을 한 적이 있습니다. 카페 아르바이트생이 "따뜻한 거 드릴까요, 차가운 거 드릴까요?"라고 물어서 "지금 영하 12도입니다"라고 했더니 막 웃더라고요. 사실 그전에 아르바이트생이 먼저 저를 알아보고 반가운 척을 해 주었습니다. 그래서 저도 그런 농담을 할 수 있었던 것이지요.

　무언가를 이야기할 때 직접적으로 말하는 것이 나을 때가 있고, 오히려 간접적으로 말해야 하는 때도 있습니다. 직접 화법, 간접 화법을 상황에 따라 적절히 섞어 사용해야 하는데, 보통은 직접적으로 말하면 무례해지기 쉽습니다. 질문자의 사연에 등장하는 사람들 역시 너무 직접적으로 말했기 때문에 듣는 사람은 기분이 나쁘고 무례하다고 느끼는 것입니다.

　그런데 이들은 간접적으로 말할 줄 모르는 사람일 가능성이 큽니다. 이렇게 간접 화법을 쓰지 못하는 사람은 어떤 사람인가에 대한 연구도 있습니다. 간접적으로 이야기하는 것을 은유법이라고 하지요? 우리가 흔히 접하는 은유, 메타포metaphor의 예는 '눈은 마음의 창' 같은 말입니다. 이러한 완곡 화법에 능숙하지 않은 사람은 은유적인 유머를 구사할 줄 모릅니다. 즉, 메타포에 대한 경험이 전혀 없는 것입니다. 그러니 간접 화법으로 대화가 불가능하겠지요.

이렇게 직접 화법으로밖에 말할 줄 모르거나, 간접 화법이 필요한 상황에서도 직접 화법으로 주위를 힘들게 하는 사람의 또 다른 특징은 바로 화가 많다는 것입니다. "봉투에 담아 드릴까요?"라고 물었을 때, 서로 불편하지 않은 대답은 "네, 지금 손이 좀 무거워서요." 혹은 "네, 오늘은 좋은 날이라 포장이 필요할 것 같아요." 같은 말이겠지요? 그런데 이런 대답은 조금 번거롭습니다. 즉, 성의가 있어야만 할 수 있는 표현입니다. 사실 그런 성의가 없어도 "네"라고만 하면 끝날 문제입니다. 그런데도 화를 담아 "그러면 손으로 들고 가라는 거야?"라고 말하는 것은 이들이 조금만 건드리면 폭발할 준비가 되어 있는 사람이기 때문입니다.

이런 사람을 다시 한번 더 건드려서 화나게 할 필요는 없겠지요? 하지만 서비스직에 종사하는 사람들은 자신의 역할을 다

하기 위해 다시금 질문을 할 수밖에 없습니다. 그럴 때는 옵션을 주어서는 안 됩니다. "따뜻한 거 드릴까요? 차가운 거 드릴까요?"처럼 50대 50으로 균등하게 분배되는 옵션을 주기보다는, 다수는 어떻게 하고 있는지 말해 주고 상대가 선택할 수 있도록 말해야 합니다. 다음과 같이 말이지요.

"오늘 날씨가 추워서 대부분 따뜻한 것을 드시는데, 어떻게 해 드릴까요?"

"이 물건은 대부분 포장을 원하지 않으시던데, 어떻게 해 드릴까요?"

화를 내려고 준비하고 있는 사람에게 '다른 사람은 이렇게 한다'라고 말해 주면 괜한 소리로 애꿎은 사람한테 화풀이하는 치졸한 방법을 쓰기 어려워질 것입니다.

그런데도 계속 화를 낸다고요? 그렇다면 그는 그냥 이상한 사람입니다. 그럴 때는 '저렇게 부지런히 화내는 사람도 있는데, 나도 열심히 살아야겠다'라고 생각하는 게 정신 건강에 이롭습니다. 그런 사람들은 이해하려고 노력할 필요가 없습니다. 못난 사람들이니까요.

심리학자들도 이런 사람들의 심리를 이해하려 온갖 전문 이론과 개념을 동원하다가 오히려 그들에게 면죄부나 당위성을 부여하게 되는 경우가 있습니다. 그러면 동료 심리학자들이

"됐어, 생각하지 마. 그냥 못난 사람이야." 하고 더 이상 생각하지 못하게 한답니다.

말과 행동이 다른 그 사람,

왜 그럴까요?

Q.

SNS에 복근 사진을 올려놓고 '돼지'라고 적는다든지,
잘 나온 사진을 올려놓고 '셀기꾼'이라고 적는 이유가
뭘까요? 이런 게시물을 올리는 사람들의 심리가
궁금합니다.

저도 신기해서, 이런 사람들의 심리가 어떤 것인지 찾아
보았습니다. 국내외 여러 심리학자에게 의견을 묻기도 하고요.
의외로 결론이 하나로 모였습니다. 간단히 말하면, 이들은 부
단한 노력이나 고단한 과정 없이 이러한 결과에 도달했다는 것
을 보여 주고 싶은 것입니다.

사실 복근 만드는 거 얼마나 어렵습니까. 저도 한번 만들어 보려고 2년째 노력 중인데 불가능하다는 결론에 도달했습니다. 사진 예쁘게 찍기는 쉬운가요. 그래 놓고 거기다 돼지, 셀기꾼('셀카'와 '사기꾼'의 합성어) 같은 글을 쓰는 것은 '나는 이렇게 되려고 엄청나게 공들이거나 노력하지 않았어. 원래 그런 사람이니까'라고 전하고 싶은 것입니다. 학창 시절에 이런 친구 꼭 있지 않았나요? 밤새워 공부해서 좋은 점수를 받아 놓고 "공부도 하나도 안 했는데 100점 나오네." 하는 친구 말이지요.

인간은 원래 가지고 태어난 재능이나 능력으로 좋은 결과가 일어났음을 남들에게 보여 주고 싶어 하는 욕구가 있습니다. 다시 말해, 타고난 것으로 칭찬받는 걸 좋아합니다. 그 결과를 아주 많은 노력으로 이뤄 냈다고 하면, 그전에는 그보다 안 좋은 상태였음을 인정하게 되는 셈이니까요. '이 복근 만들려고 노력했어'라고 하면 다른 사람이 '예전에는 배가 많이 나와 있었겠구나. 별로였겠네'라고 상상할까 봐 두려운 것입니다.

이와 관련해 시카고 대학교 심리학과의 크리스토퍼 시 Christopher Hsee 교수는 유명한 명품 브랜드의 이름을 따 '프라다 프리미엄Prada Premium'이라고 이름 붙인 현상을 소개했습니다. 사람들은 자신의 상사가 열심히 일해서 번 돈으로 프라다 제품을 사서 들고 다니면 그냥 그런가 보다 합니다. 하지만 어느 날

갑자기 생긴 돈으로 프라다 제품을 들고 다니면 별로 좋아하지 않습니다. 그런데 그 상사는 이와 정반대로 생각합니다. 열심히 일해서 번 돈이 아닌 어쩌다 생긴 돈으로 프라다 제품을 들고 다닐 때 더 멋져 보이고, 사람들이 자기를 더 좋아할 거라고 착각한다는 것이지요.

이 사례에서 복근이 바로 프라다 제품에 해당합니다. 복근 사진이 담긴 게시물을 올린 사람은 '이걸 보고 사람들이 날 좋아하겠지'라고 생각할 겁니다. 하지만 크리스토퍼 시 교수의 연구를 통해 알 수 있듯 '죽어라 노력해서 복근이 생겼어'라고 해도 좋아할까 말까인데 노력도 없이 그렇게 되었다고 하면 사람들은 호감보다는 반감을 가질 것입니다. 그를 위선적이거나 사기성 있는 사람이라고 여길지도 모르고요.

이런 게시물에 댓글을 달아야 한다면 혹은 달고 싶다면 두 가지 선택지가 있습니다. 만약 그 게시물을 올린 사람이 내가 좋아하는 친구라면 "나도 그런 복근 가지고 싶은데, 얼마나 운동해야 해?" "나도 너처럼 예쁜 사진 찍고 싶은데, 그러려면 어떻게 해야 해?" 하고 물어보세요. 친절하지만 건조하지 않게, '나도 너처럼 되고 싶고, 그렇기 때문에 네가 얼마나 노력했는지 그 양과 과정을 알고 싶다'는 메시지를 전하는 거예요. 그러면 상대방은 어느 정도 자신이 한 노력을 어필해야 함을 깨닫

○ Q&A

고, 좀 더 나은 이미지로 보일 수 있는 답을 할 것입니다.

게시물을 올린 사람과 그리 가깝지도 않고 별로 호감도 없는 사이인데, 굳이 댓글을 달아야 하는 상황이라면 아주 건조하게 "복근 만드는 데 얼마나 걸렸어요?" "몇 장이나 찍어야 이런 사진 나와요?" 하고 물으면 됩니다. 내가 너의 속내를 다 알고 있다는 것을 보여 주는 겁니다. 물론 이 방법은 중요한 관계가 아니고 심지어 조금 얄미운 사람일 때만 써야겠지요.

Q.

항상 잘못하고 미안해하면서도 또 같은 잘못을 하고
미안해하고, 또 그걸 반복하는 이유는 무엇일까요?
같은 잘못을 계속 반복하고 사과하면서 절대 고치지는
않는 그 사람의 심리가 궁금합니다.

"잘못했어, 다시는 안 그럴게. 또 그러면 진짜 나는 사람도 아니다." 이런 말 들어 본 적 있나요? 잘못을 하고 미안하다고 해 놓고 똑같은 잘못을 또 하는 것은 그것을 기억에 담지 않기 때문입니다. 같은 잘못을 반복한다는 것은 '복기復棋'가 안 된다는 뜻이에요. 복기란 바둑 대국이 끝난 뒤 두었던 순서대로 다시 두는 것을 말합니다. 복기를 하느냐 안 하느냐 그리고 얼마나 양질의 복기를 하느냐에 따라 바둑 고수가 결정된다고 할 정도는 복기는 중요합니다.

우리는 어떤 상황과 맞닥뜨리면 그전에 겪었던 비슷한 상황을 기억에서 꺼냅니다. 이렇게 같은 잘못을 반복하는 사람들은 반성했던 기억은 없고, 잘못된 행동을 했던 것만 기억해서 같은 상황이 닥쳤을 때 그걸 또 꺼내서 반복하는 것입니다.

그리고 그들이 반성했던 걸 기억 못 하는 이유는 확실하게 후속 조치를 하지 않았기 때문입니다. 예를 들어, 결재 서류를 올렸는데 꼭 들어가야 할 뭔가를 빠뜨렸을 때 "다음에는 꼭 넣어서 와"가 아니라 "지금 넣어서 다시 가져와." 하는 것이 후속 조치입니다. 그래야 그 사람은 후속 조치를 한 행동까지 기억하게 됩니다.

사과는 '행동의 결과'가 아니라 '미래에 대한 약속'입니다. 그러니 그 사람을 바꾸고 싶다면 당장 작은 것이라도 그 약속을 이행하게 해야 합니다. "미안해, 다시는 안 그럴게"로 그칠 게 아니라 "제대로 하자"라고 권하고 후속 조치를 해서, 그렇게 했다는 것까지 기억에 넣도록 해 줘야 합니다.

미안하다고 사과하는 것은 우리의 뇌에 잘 새겨지지 않습니다. 사람은 행동한 것을 기억하기 때문입니다. 그래서 이렇게 후속 행동까지 하게 해야만 같은 잘못을 반복하는 걸 막을 수 있습니다.

그런데 '이제 다시는 술 안 먹을게.' '앞으로는 연락 잘 받을게.' 같은 약속은 당장 후속 조치를 하기가 힘듭니다. 하지만 잘 생각해 보면 이런 것들은 이룰 수 없는 약속에 가깝습니다. 그럴 때는 꿈 같은 목표를 세우기보다는 조금 더 구체적인 규칙을 세워 주는 것이 필요합니다. "금요일 밤에는 술을 안 먹을게." "퇴근하고서 늦어도 8시 이후에는 꼭 연락을 받을게"처럼 단서가 달린 규칙을 만들라는 것이지요.

하지만 의지력이 떨어진 상황에서는 이런 약속조차 지키는 것이 쉽지 않습니다. 후속 조치 실행이 어렵다고 판단되면 "술을 먹기 전에는 꼭 연락을 해." "일이 있어서 연락이 안 될 것 같으면 미리 알려 줘." 이런 식으로 선조치를 취하는 것도 좋습니다.

그리고 약속을 자꾸 어기는 사람에게는 종결감을 주면 안 됩니다. 정한 규칙대로 술 마시기 전에 연락했다면, 이제 그 사람은 술자리를 즐길 만반의 준비가 된 것입니다. 해야 할 일을 마쳤다고 생각할 테니까요. 그렇다면 "연락했으니 이제 좋은 시간 보내"라고 종결감을 주기보다 "자리 옮길 때마다 중간중간 문자 보내"라고 다음 행동으로 이어지도록 해야 합니다.

성인이 다른 성인의 행동을 바꾼다는 것은 결코 쉬운 일이 아닙니다. 같은 잘못을 반복하지 않도록 하기 위해서는, 조금 더 구체적이면서도 얼마든지 실천할 수 있는 작은 행동으로 쪼개 나가는 지속적인 노력이 필요합니다.

자신의 감정을 숨기지 못하는 그 사람,
왜 그럴까요?

Q.

회사에 '나 화났다'는 분위기를 뿜어 주변 사람들 눈치 보게 만드는 직원이 한 명 있습니다. 회사에 불만이 있으면 말을 하면 될 텐데 말이죠. 업무 특성상 계속 옆에 있어야 하는데, 너무 힘이 듭니다. 이럴 때 좋게 풀 수 있는 방법이 있을까요? 사실 저도 예민한 성격이라 감정이 욱하고 올라오는 경우가 많아서, 고민이 더 큽니다.

주변 사람들에게 자기의 기분이 나쁘다는 티를 꼭 내야만 직성이 풀리는 사람의 심리는 뭘까요? 사실 이들은 자기가 기분 나쁜 것을 상대가 모를까 봐 전전긍긍하는 것입니다. 자기 기분을 알아 주고 풀어 달라고, 또는 눈치 보고 두려워하라고, 그래서 내 말대로 상대가 움직였으면 하는 마음으로 그렇게 하는 것입니다. 심지어는 맛있는 것을 사 가지고 와서 내 기분을 풀어 달라는 것일 수도 있습니다. 즉, 목적은 수백 가지가 될 수 있다는 겁니다.

물론 화를 내서 회사에서 잘릴지 모른다고 생각하면 절대 그렇게 행동하지 않겠지요. 하지만 이는 회사에서 공식적으로 제재를 가할 수 없는 영역입니다. 결국 그러한 행동이 나에게 불이익을 가져다주지 않을 거라고 생각하니까, 자기 기분을 알려서 어떻게든 본인에게 유리한 형국으로 상황을 끌고 가려는 것입니다.

이렇게 기분 나쁜 티를 팍팍 내는 사람을 제어할 수 있는 방법은 무엇일까요? 상대가 화난 것을 내가 알고 있다고 똑같이 티를 내 주는 것입니다. 속 시원하게 "당신이 화난 거 우리가 모를까 봐 전전긍긍하고 계시죠?"라고 말할 수 있다면 좋겠지만, 그것은 안 될 일입니다. 이런 상황에서 가장 적절하게 대처할 수 있는 말은 "피곤해 보이시네요"입니다.

유학 시절에 유독 화나거나 불편한 티를 많이 내는 대학원생이 있었습니다. 지도 교수가 그에게 자주 했던 말이 바로 "You look tired"입니다. 동료도 아니고 지도 교수가 느낄 정도면 보통 상습범이 아니었겠지요? 그런데 놀랍게도 그 말을 들은 친구는 뭔가 정신을 차리는 듯한 행동을 했습니다. '피곤해 보인다'는 말은 사실 '네가 굉장히 에너지를 많이 썼구나.' 하고 알려 주는 것과 같습니다. 그리고 '네가 정말 애쓰는 거 우리가 알고 있어. 그러니까 그만해.' 하는 메시지를 완곡하게 에둘러서 간접 화법으로 전달하는 것입니다.

가장 효과가 좋은 방법은 그 사람이 할 일도 안 하고 화만 내고 있을 때 "많이 피곤해 보이시네요"라고 말해 주는 것입니다. 일도 안 하는 데 뭐가 그리 피곤하겠어요? 그런데도 이렇게 표현하는 것은 '일은 안 하면서 화내느라 에너지는 엄청 쓰고 있구나'라고 이야기하는 것과 크게 다르지 않습니다. 그러면 상대방은 자기 속마음을 들킨 것 같은 당혹감을 느끼게 되고, 더 이상 자기의 기분을 티 내기가 힘들겠지요.

Q.

제 바로 위에 있는 선임은 부장님의 행동과 말투를 혐오하다시피 합니다. 그런데 그렇게 싫어하면서 정작 본인은 후임인 저한테 부장님과 똑같이 행동합니다.

이 선임의 심리가 정말 궁금합니다.

　사실 이는 직장에서뿐 아니라 가족 간에도 자주 목격할 수 있는 상황입니다. 대체 왜 싫다, 싫다 하면서 싫어하는 연장자의 행동을 따라 하게 되는 걸까요?

　인지심리학에서는 활성화activation와 억제inhibition라는 용어를 자주 사용합니다. 누군가 내가 싫어하는 행동을 할 때는 '활성화'가 발현됩니다. 심리적으로 내가 그 행동을 활성화시켰기 때문에, 흥분되는 순간이 오면 이전에 싫다고 했던 그 행동과 생각이 저절로 활성화되는 것입니다. 게다가 흥분하면 스스로를 제어하기 힘든 상태가 되기 쉽지요? 결국 활성화와 흥분이 만나 무의식중에 싫어했던 연장자의 행동을 따라 하게 되는 것이지요.

　이렇게 말하면 누군가는 "싫어하는 선배의 행동을 따라 한 게 아니라 그렇게 화를 내지 않으면 상황 정리가 안 되더라고요"라고 말할지 모릅니다. 하지만 절대 그렇지 않습니다. 그렇게 화내지 않아도 상황이 정리된 적이 있고, 오히려 화를 내서 더 엉망이 된 때도 있을 겁니다. 다만 그것을 기억하지 않았을 뿐입니다.

'호랑이도 제 말 하면 온다'는 속담이 있지요? 소리 내서 "호랑이" "호랑이" 해 보세요. 호랑이가 안 나타나죠? 이런 것은 머리에 담지 않는 겁니다.

그런데 호랑이에 대해 말하고 있는데, 갑자기 호랑이가 나타나면 너무나 생생하고 충격적이니 기억에 담겠지요? 이해하기 쉽도록 표를 하나 보여 드리겠습니다.

	결과 ○	결과 ×
행동 ○	A	B
행동 ×	C	D

↓

	호랑이 등장	결과 ×
'호랑이'라고 말했을 때		B
행동 ×	C	D

행동도 하고 그에 상응하는 결과가 있는 것이 A입니다. A의 경우에만 우리는 주로 기억을 합니다. 행동을 했는데 결과가 안 나오거나 행동을 하지 않았고 결과도 없는 경우, 행동을 안 했는데 결과가 나오는 경우, 즉 A를 제외한 모든 경우는 기억에 잘 담지 않습니다. 위의 경우도 '그렇게 행동하지 않으면 상황이 정리되지 않는다'는 A만 기억에 담은 것입니다. 이와 비슷한 상황이 바로 '미신'을 믿는 겁니다. 미신도 대부분 이런 과정을 거쳐서 만들어집니다.

반대로 차분하게 이야기를 해서 문제가 해결되는 상황이 많았던 것은 왜 기억하지 못할까요? '아무것도 하지 않았다'고 생각하기 때문입니다. 이런 경우에는 생각을 바꾸어야 합니다. 즉, '그 행동을 안 했다'가 아니라 차근차근 말하는 '다른 행동을 취했다'로 바꿔서 기억해야 한다는 것입니다. 인간은 행동하지 않으면 기억하지 못하고, 행동하지 않은 것이라고 생각해도 기억하지 못합니다.

당뇨병 환자들은 단 것을 먹으면 안 되지요? 그런데 무엇을 안 해야 한다고 생각하면 자기도 모르게 그 행동을 하고 있는 자신을 발견하고 당황하는 순간이 생깁니다. 그러니 '단 것을 먹지 않는다'가 아니라 '식단 조절을 한다'라고 '낫not'을 빼고 생각해야 합니다. 그래야 행동하는 것이라고 인식해서 뇌가 기억합니다.

싫어했던 선배의 모습을 닮아 가는 자신의 모습에 '내가 왜 이러지?' 하고 당황했거나 자책감을 느꼈다면, '나는 그렇게 행동하지 말아야지'가 아니라 '나는 이렇게 다르게 행동해야지'로 기억하려는 자세가 필요합니다. 상사가 보고서를 보고 막말을 하는 게 싫고, 그렇게 되고 싶지 않다면 '저 인간 저러는 거 진짜 싫다'가 아니라 '나는 아랫사람이 올린 보고서가 마음에 안 들어도 절대 막말은 하지 말아야지'라고 이렇게 구체적으로 다짐해야 합니다.

그렇다면 부장이 싫다면서 부장의 행동을 그대로 따라 하는 선배에게, 질문자는 어떻게 대처하는 것이 좋을까요? "선배님, 지금 부장님이랑 똑같이 화를 내고 계세요"라고 하면 그 선임은 십중팔구 "그때랑 지금은 달라"라고 할 겁니다. 오히려 더 크게 화를 낼지도 모르고요. 그러니 선임에게 그 이야기를 정말 하고 싶다면, 화를 내는 상황이 지나간 뒤에 문제의 부장님에 대한 이야기만 해야 합니다. "예전에 부장님이 엄청 화내셨던 거 기억하세요? 이유도 제대로 말 안 해 주고 화만 내서 우리 진짜 힘들었잖아요." 하고 말이지요.

딱 여기까지만 말하면, 그 선배는 자기에 대해 말한 것이 아니니 빠져나갈 방법을 군이 생각할 필요가 없습니다. 하지만 속으로는 '지금 왜 이 이야기를 하지? 나도 혹시 그런가?' 하고 생각하지 않을까요? 모두가 싫어했던 부장님의 그 행동을 상기시켜 주기, 딱 거기까지만 해야 효과가 있습니다.

예의 없는 그 사람,
왜 그럴까요?

Q.

예의라는 것은 분명히 존재하는데, 이게 사람마다 다 기준이 다릅니다. 그래서 이 행동이 어떤 사람에게는 괜찮지만 다른 사람에게는 괜찮지 않을 때가 많아서 사람마다 맞추기가 힘듭니다. 진짜 예의란 무엇인지 궁금합니다.

가장 많은 사람이 공감한 질문 중의 하나인데요, 진짜 예의란 무엇인지는 '정의란 무엇인가'보다 더 힘든 문제 같습니다. 사실 심리학에서 예의가 무엇인지를 정의하기는 어렵습니다. 정의를 내리지 못하고 있다는 건 그만큼 저마다의 기준이 다른 경우가 많다는 뜻이겠지요. 하지만 어떻게 하면 서로 기분이 상하지 않을 수 있을지 정도는 심리학에서 이야기할 수 있지 않을까 생각합니다.

세상에서 자기 기준대로 했을 때 가장 욕먹기 쉬운 두 가지가 예의와 장난입니다. 제가 몸담고 있는 대학교의 총장님한테 "총장님!" 하고 부른 뒤 돌아보면 손가락으로 볼을 콕 찌르는 장난을 한다면 저는 완전히 미친 사람일 겁니다. 그런데 그 장난을 집에서 둘째 딸이랑 하면 괜찮지요? 장난과 예의는 절대적으로 나와 상대방 사이의 상황과 맥락이 결정합니다.

'상황'은 물리적인 느낌이 강합니다. 밤이냐 낮이냐처럼 말이지요. 반면 '맥락'은 의미적인 느낌이 강합니다. 예를 들어, 밤 10시에 술자리를 가진다고 했을 때 '밤 10시'라는 물리적인 상황과 '술자리'라는 의미적인 맥락이 합쳐지면 좀 더 장난스러운 것이 허용되는 분위기라는 것을 짐작할 수 있습니다. 그런데 그러한 상황과 맥락을 고려하지 않고 똑같이 행동한다면, 그게 누구든 예의 없다는 말을 들을 수밖에 없겠지요.

즉, 어떤 것이 예의에 맞느냐는 상황에 따라 다를 수 있고, 결국 분위기를 읽을 줄 알아야 합니다. 맥락을 파악하지 못하면 계속해서 상황 파악이 안 되어 예의 없게 굴 수밖에 없을 테니까요. 만약 본인이 상황에 맞게 예의 있게 행동하지 못했다면, 스스로 분위기를 통해 '이건 아니구나'를 파악해야 한다는 말입니다.

최근 예의와 관련해 흥미로운 설문조사 결과가 발표되었습니다. "나는 예의 바른 사람이라고 생각하는가?"라는 물음에 '그렇다'고 대답한 사람은 48퍼센트, '아니다'라고 대답한 사람은 불과 7.7퍼센트였습니다. 그런데 "남들은 예의 바르다고 생각하는가?"라는 질문에는 '그렇다'라는 답변이 28퍼센트로 급감합니다. 이를 통해 알 수 있는 것은 '나는 예의를 지키는데 상대방은 무례하다'고 생각하는 사람이 많다는 것입니다. 왜 그럴까요?

사실 예의를 차린다는 것은 엄청난 고등 동물이고 고등 생명체라는 증거입니다. 그리고 그중에서도 인간은 독보적입니다. 대부분 동물은 생존과 번식에 필요한 행동만 합니다. 그런데 인간은 맥락과 상황, 즉 상대방에 따라 다르게 생각하고 행동해야 합니다. 그래서 자기중심적이라 주변을 고려하지 않는 사람은 무례하다는 느낌을 줍니다. 그런데 이때 무례한가 아닌가를 결정하는 기준은 나 자신입니다. 나와 다른 사람의 기준이 다를 수 있기에, 다른 사람의 행동은 나보다 더 엄격하게 평가하는 것이지요.

사실 예의 바른 행동의 기준은 문화에 따라 다르고, 세대별로도 아주 다릅니다. 회사에서 강연을 할 때가 많은데, 실제로 나가서 들어 보면 '정말 이럴 수 있을까' 싶게 다릅니다. 20, 30대 직원들이 무례하다고 생각하는 40, 50대 상사들의 행동이 무엇일까요? 바로 탕비실에서 양치질하는 것입니다. 그 사실을 알려 주면 40, 50대 상사들은 이게 그렇게 이상한 행동이냐며 의아해합니다.

반면 20, 30대는 자연스럽게 하는데 40, 50대 상사들은 무례하다고 느끼는 행동도 있습니다. 바로 회의 시간에 다리를 꼬는 것입니다. 이걸 읽고서 '대체 그게 왜?'라고 생각하는 사람도 있을 겁니다. 실은 저도 그게 눈에 거슬릴 때가 있거든요. 이처럼 서로 무엇을 예의라고 생각하는지 잘 모르는 것입니다.

그러니 누군가의 행동을 두고 '예의 있다, 아니다'를 평가하기 전에, 내 말과 행동을 멈추고 상대의 행동을 차분히 관찰할 필요가 있습니다. 그래야 그 사람이 왜 그런 행동을 하는지 알 수 있으니까요. 다른 사람을 관찰해 보지 않은 사람일수록 남들이 무례하다고 느끼는 경우가 많습니다. 문제는 그 결과 나도 무례해지는 경우가 더 많아진다는 것입니다.

내 위주로 생각하기보다 다른 사람의 상황을 먼저 헤아리면, 내가 예의 없게 구는 일도, 상대방이 무례하게 느껴져 불쾌한 경우도 줄어듭니다. 매사 마음먹기 달렸다고 하지요? 이는 인지심리학에 굉장히 부합하는 말이기도 합니다.

타인의 심리에 대해 강연과 방송을 하면서 많이 드렸던 말씀도 바로 '남의 행동을 평가하기 전에 우리 스스로의 행동을 한 번 돌아보자'라는 것이었습니다. 갈등이나 힘듦의 원인이 언제나 상대방에게 있을 수만은 없습니다. 그래서 나 자신을 돌아보는 태도가 중요합니다.

부장님이 생각하는 예의 바른 행동은 어떻게 관찰할 수 있을까요? 바로 부장님이 자신보다 윗사람, 즉 사장님을 만날 때입니다. 사장님 앞에서 부장님이 하는 것과 절대로 하지 않는 것이, 바로 그 부장님이 여러분을 만날 때 보고 싶은 행동 아닐까요? 이처럼 나보다 나이 많은 혹은 서열이 높은 사람이 나에게 어떤 예의를 요구할까를 파악하는 가장 좋은 방법은 그 사람이 예의 있게 행동해야 하는 상황에서 어떻게 하는지를 관찰하는 것입니다.

정말 이해 안 가는 타인의 심리, 이제는 조금 알 것 같은가요? 하지만 정말 재미있게도 제 아내가 가장 이해할 수 없는 사람은 저입니다. 그리고 제 두 딸이 가장 이해할 수 없는 사람은 언니와 동생이고요. 자주 만나고 많이 교감하기 때문에 더 이해할 수 없는 사람이 많습니다. 왜냐하면 나와 그 사람은 서로 다른 경우가 대부분이기 때문입니다.

심리학에서 오랫동안 연구해 온 것도 바로 이러한 개인차입니다. 사람은 저마다 정말 다릅니다. 동양인과 서양인의 차이가 더 클 것 같지만, 그보다 동양인 내부에서의 차이, 서양인 내부에서의 차이가 훨씬 더 크다는 것이 대부분의 연구 결과입니다.

다르기 때문에 인간입니다. 그러니 타인의 심리를 읽는 이 시간을, 내 입장이 아닌 그 사람의 관점에서 상대의 마음에 대해 다시 한번 들여다볼 수 있는 계기로 삼으면 좋겠습니다.

타인의 마음

인간관계가 힘든 당신을 위한 유쾌한 심리학 공부

1판 1쇄 발행 2022년 11월 4일
1판 7쇄 발행 2024년 10월 14일

지은이 김경일×사피엔스 스튜디오
펴낸이 김성구

콘텐츠본부 고혁 양지하 김초록 이은주 류다경
디자인 이영민
마케팅부 송영우 김지희 김나연 강소희
관리 안웅기

펴낸곳 (주)샘터사
등록 2001년 10월 15일 제1-2923호
주소 서울시 종로구 창경궁로35길 26 2층 (03076)
전화 1877-8941 | 팩스 02-3672-1873
이메일 book@isamtoh.com | 홈페이지 www.isamtoh.com

ISBN 978-89-464-2227-8 03180

• 값은 뒤표지에 있습니다.
• 잘못 만들어진 책은 구입처에서 교환해 드립니다.

샘터 1% 나눔실천
샘터는 모든 책 인세의 1%를 '샘물통장' 기금으로 조성하여 매년 소외된 이웃에게 기부하고 있습니다.
2023년까지 약 1억 1,200만 원을 기부하였으며, 앞으로도 샘터는 책을 통해 1% 나눔실천을 계속할 것입니다.